U0555181

MaTianMin XinZhuan

马天民

新传5

上海公安书刊社／主编

文匯出版社

图书在版编目（CIP）数据

马天民新传 .5 / 上海公安书刊社主编—上海：文汇出版社，2017.3

　　ISBN978-7-5496-2014-2

　　Ⅰ.①马…Ⅱ.①上…Ⅲ.①警察-先进事迹-上海
Ⅳ.① K828.2

中国版本图书馆 CIP 数据核字（2017）第 032355 号

马天民新传 5

主　　编 / 上海公安书刊社
执行主编 / 李　动
责任编辑 / 吴　华
特约编辑 / 曹国柱
封面装帧 / 张　晋

出版发行 / **文汇**出版社
　　　　　上海市威海路755号
　　　　　（邮政编码200041）
经　　销 / 全国新华书店
排　　版 / 上海歆乐文化传播有限公司
印刷装订 / 江苏省启东市人民印刷有限公司
版　　次 / 2017年3月第1版
印　　次 / 2017年3月第1次印刷
开　　本 / 890×1240　1/32
字　　数 / 175千
印　　张 / 8.875

书　　号 / ISBN978-7-5496-2014-2
定　　价 / 28.00元

序

上海市副市长、市公安局局长　白少康

社区警务是既传统又现代的公安基层基础工作,在公安工作全局中占据源头性、根本性、基础性地位。无论科技如何发展进步,社区警务作为公安机关践行党的群众路线的主要抓手,作为基层基础工作的重要组成部分,都将发挥不可替代的作用,是公安机关必须长期坚持并不断创新发展的重大警务战略。

近年来,随着经济社会快速发展,社区警务的内涵和外延正在发生深刻变化,做好新形势下社区警务工作,既有难得机遇,又面临诸多挑战。上海市公安局党委高度重视社区警务的发展和创新,认真贯彻落实市委、市政府创新社会治理加强基层建设的部署要求,主动适应动态化、信息化社会发展趋势,将构建现代社区警务作为打造现代警务机制升级版的重要内容,纳入全面深化上海公安改革的总体布局中予以重点推进,全面实现"一居一警""一村一警",推动社区民警与基层组织融合、与社区群众融合"两个融合",有效提升人民群众的安全感和满意度。

构建现代社区警务，就是要在继承中创新，赋予传统社区警务新的内涵。必须牢固树立以人民为中心的发展思想，坚持专群结合方针，在警力下沉的基础上，将社区警务与群防群治守护网建设有机结合，引导社区民警更加有效地融入社区、融入群众，更加积极主动地服务群众、依靠群众、发动群众，进一步夯实公安工作群众基础。必须着眼实现治理体系和治理能力现代化，充分认识城乡社区基层治理是社会治理创新的重心、社区警务是公安机关参与社区治理的基本形式，准确把握社区警务的地位和作用，积极构建与社区治理高度融合的现代社区警务，努力实现共建共治共享。必须立足创新治理、服务群众、维护稳定，深入推进社区警务改革，以问题为导向，完善派出所警务工作机制，力争通过社区警务改革牵引派出所工作效能的整体提升，确保地区一方平安。

《今天我休息》是上海电影制片厂摄制于 1959 年的一部影片，塑造了一位全心全意为人民服务的社区民警马天民的典型形象。时过境迁，今天在深入推进社区警务改革过程中，全市公安派出所也涌现出一大批心系群众、甘于奉献、爱岗敬业的优秀社区民警，他们是新时期的"马天民"，他们的工作事迹说不上"惊天动地"，却件件带着"温度"，生动诠释了人民公安为人民的根本宗旨，处处体现着改革创新的工作思维。上海市公安局治安总队将社区民警的工作事迹整理汇编，宣传社区民警的优秀事迹，可以让更多人了解社区民警的日常工作,激发社区民警的工作热情。总结其中一些社区民警工作方法,形成可复制可推广的经验,值得全市公安派出所在推进社区警务改革中参考借鉴。

2017 年是全面深化公安改革和推进"四项建设"的攻坚之年,"一居一警""一村一警"的完成仅仅是社区警务改革迈出的第一步。我们要坚持不懈地推进社区警务改革,注重改革系统集成,提升改革整体效应,加强改革成果宣传推广,让人民群众有更多的认同感、获得感,为维护社会大局稳定、推动上海公安工作长远发展作出新的更大的贡献。

是为序。

目　录

1

18岁从军成了一名光荣的女兵,通过九年刻苦学习,最终拿到二军大硕士学位,并在长征医院口腔科学习、工作了四年之久,最终却选择弃医从警。这样的经历令人难以想象,却又似曾相识,且看——

春燕衔泥
——记嘉定公安分局真新派出所社区民警焦燕

文/徐 波

王老太怎么也不敢相信,这么好的医生竟然去当了警察。王老太是在焦燕转业几个月后,去医院口腔科专程找她看病的,但听说"焦医生"已经变成了"焦警官",一下子无所适从。几年后,铜川社区的李阿姨每次碰到社区居委干部都会念念叨叨说,这么好的民警怎么能让她调到别的社区呢?她和社区的许多居民一样,盼望着焦燕能够调回来。斗转星移,焦燕已在社区工作了四个年头;白驹过隙,她经常会梦见自己身穿白大褂站上手术台,她所面对的并不是一个等待救治的病人张大着的嘴,而是一张张写满或迷惘、或愤怒、或哀怨、或渴求、或欣慰、或欢乐的脸……

　　强光下,数根牙神经残渣在米粒大的圆形牙洞中依稀可辨。牙神经虽然细小,但疼痛起来却能影响整个肌体,此时若有丝毫的残留,都将后患无穷、牙痛依旧。一双锐利的眼睛始终注视着洞口,操作器械时即使只能"盲探",也仿佛能洞悉里面的一切。

　　监控就拍到一只手!垃圾桶当然不是监控探头的重点,但多少还原了当时发生的一幕:陈大妈丢垃圾的时候,居然将自己的一个手袋也一起扔了。等陈大妈反应过来,立即回到垃圾桶里翻捡时,刚刚扔的垃圾袋还在,但那个手袋却不见踪影了。手袋里面有600多元现金和家里的钥匙,陈大妈急得上气不接下气,钱倒还是小事,关键是家中里里外外的钥匙丢了,那可就麻烦了。

这事情发生在焦燕刚当上社区民警的 2012 年 2 月。接到大妈的报警,焦燕耐心地帮大妈将能调到的监控录像翻看了个遍。大妈记得没错,监控角上看到大妈拎垃圾袋的手还拿着一个手袋,大妈笃悠悠地将手上的两个袋都扔了进去。也就过了十来秒的工夫,一只手伸进垃圾桶,取出了大妈的手袋,之后并没有人进入监控画面。谁会这样精准地看到大妈将手袋扔进垃圾桶,而且还会去翻捡垃圾桶里的东西?大妈的手袋并不起眼啊。反复翻看有限的监控录像,焦燕对这个时间段进出小区的人员进行了梳理,发现每天负责垃圾桶清理工作的李阿姨,是最有可能取走大妈手袋的人。

但是,光凭画面中的一只手还不足以成为证据,况且李阿姨即使拿了手袋也是从垃圾桶里捡到的,又不是偷来、抢来的,对李阿姨占为己有的行为似乎也没什么办法。大妈的手袋能不能物归原主,取决于李阿姨的态度。但是,李阿姨一开始就矢口否认自己捡了手袋。面对李阿姨的抵赖,焦燕义正辞言地说,监控录像调看过了,就是你拿的。李阿姨一愣,口气一下子软了下来。这招果然奏效,李阿姨见瞒不住,只好承认自己拿了手袋,但坚称自己将手袋藏绿化带里结果被人拿掉了。哪个绿化带?超市外面的绿化带。具体时间、具体位置你带我去看。监控画面里面并没有显示李阿姨在那个绿化带出现过。李阿姨支支吾吾,见第一招没奏效便心生一计,又称手袋其实是在小区外面给了个摆摊头卖大饼的。到了这一步,焦燕心里透亮,手袋肯定还在李阿姨处。那好,具体什么时间、在哪个位置、卖大饼的长啥样我们一一核实清楚，监控录像也要全部调出来。焦燕的口气不容置疑，还给李阿姨儿子做工作。李阿姨自讨没趣，没想到这个女警这么较真儿，每一个细节都要抠得严丝合缝，最终无奈地将手袋交了出来。当然，大妈并不知道李阿姨曾有过占有手袋的想法，她只知道眼前的女警官费了好大的劲儿才找到了捡她手袋的李阿姨。手袋失而复得，事情不大，但陈大妈激动不已，这不，她还专门把锦旗送到了派出所。

正是这件芝麻绿豆点的小事，让焦燕认识到社区工作严谨细致的重要性。虽然不是惊天动地的大案要案，但老百姓的事情，没有大小之分，只取决于自己用心与否，只要用心去做，再小的事情也能收获群众的口碑。

一把好端端的大门锁，竟然被人灌了502胶水！这样的事，不是调皮捣蛋的孩子做的，而是成人所为。原本在半夜要锁上的小区侧门，因为胶水而无法关闭。焦燕对此事十分上心，晚上侧门不关闭可是个防范漏洞。于是，她和物业保安一起分析，究竟谁会搞这么一出恶作剧？侧门每天零点准时关闭，本来这扇侧门的设置是为了方便居民进出，可是零点以后还有谁有这个需求呢？保安反映有几个"老麻将"经常要到对面小区的麻将室搓麻将，搓完麻将回小区都在零点以后，若侧门关闭就要绕很长一段路到小区正门。焦燕去翻看前一晚他们出门搓麻将时段的监控录像。果然不出所料，监控录像还原了一名男子傍晚出门时，往门锁锁芯灌胶水的样子。焦

4

燕随后直接从麻将室把这名叫阿勇的男子叫了出来,阿勇见抵赖不成就干脆耍无赖:是我做的又怎样?既然承认是你做的,就要赔偿损失!焦燕义正词严。虽然一把锁不够立案标准,但焦燕知道这把锁的意义,小区安全要靠这把锁维系。阿勇见焦燕是个女同志,竟然嬉皮笑脸地说道,我不赔又怎样啦……物业零点关门的制度必须执行,你现在不赔可以,到派出所去讲讲清楚,为啥要破坏小区防盗设施!说着,焦燕用电台呼叫了派出所综合指挥室,请求巡逻车增援,要将阿勇请进派出所。阿勇见焦燕来真格的,刚才的气焰瞬间就灭了个干净。阿勇也是好面子,为这事进派出所多少也丢面子,于是态度也一下子软下来:警察同志好说,一把锁能值几个钱,我赔不就完了嘛。看热闹的人一下子都起了哄,焦燕趁热打铁,告诉大家,晚上锁上门是为了各家各户的安全,为了大家睡个安稳觉。这事很快在小区里传开了,居民都知道这个女民警雷厉风行不简单。

口罩上方,目光如炬,随着手中的笔从左向右移动,横平竖直,从不龙飞凤舞,她当医生时所写过的每一份病历、每一个字都清清楚楚。她说这是给自己记清楚,也是给患者一个明明白白。

居民的小事要管,社区的大事也要抓。焦燕初到铜川社区最急的就是小区技防设施。铜川社区是个老式居民小区,小区里老年人多、群租房问题突出,各种防范措施非常薄弱,小区没有一个监控探头。居委、物业有苦难言,动用维修基金手续繁琐,再说物业本来开支就紧张,哪里有余钱装探头。结果,没多久由于平改坡改造工程推进,小区楼房搭起脚手架,半个月竟然连续发生了十几起入室盗窃案件! 小区居民人心惶惶,焦燕也急在心里。焦燕多方联系,在小区里安装了八个简易式的临时探头。结果,这八个探头一装上去,原本看似不可遏制的发案势头,一下子就歇搁了。没多久,案子侦破后,大家才知道嫌疑人就住在小区里,看到探头装上去就再也不敢肆无忌惮地作案了。这个成效让居委会看到了安装探头的必要性,于是,在焦燕的建议下,小区的监控探头一下子达到了十几个,此外,铁丝网、巡更器等技防物防设施也逐步到位。就在监控探头全部装好的第二天,三名男子合骑一辆摩托车进小区,保安在监控中看到他们在停电瓶车的地方鬼鬼祟祟,追出去时三人仓皇而逃。后来查看,两辆电瓶车的车锁当时已被撬开,如果发现不及时就是一起"三车"被盗案件。

当然,有了技防设施,关键还要敢管善用。焦燕经常在小区走访,哪里的监控探头坏了,立即联系修复。老百姓经常能在小区里看到焦燕,焦燕在大家眼里就是爱管事、不怕麻烦。

焦燕所辖社区离轻纺市场很近,轻纺市场很多商户都住在小区里,他们常将轻纺材料带进住处加工。铜川社区某号 101 室的住户是经营窗帘生意的,他们不但晚上在家用缝纫机赶着做窗帘,还在天井里堆放了好多棉纱边角料和原材料。问题由此接踵而来,一方面晚上加工影响二楼邻居休息,另一方面这么多棉纱堆在一处,万一碰到火星极有可能引起火灾。居委协调过几次,楼下也同意在天井上搭个棚防护一下,但二楼却因为搭棚影响自己晾晒衣物而不同意。如何消除隐患,的确考验智慧。101室的行为说是"居改非"吧,他们确实住在里面而且房子还是买下来的,窗帘加工也只是少量,并不构成大的规模。说是天井里面堆物吧,没有哪条规定说自己家的天井里面不能放这些东西。所以这个问题处理起来确实比较棘手。焦燕上门后对一楼晓以利害,并让对方承诺晚上8点以后停止加工工作,先解决噪声扰民的矛盾。焦燕向住户宣传"居改非"的相关政策和处罚措施,如果进一步扩大规模必须整改处罚。至于外面堆放的材料,在焦燕的劝说下,能搬的尽量搬到屋内,实在不能搬的,必须在上面罩上一层防火材料。商户觉得焦燕确实是在为自己和邻居的安全着想,便很快答应了焦燕提出的所有要求。

焦燕认定的事,一定会当回事情,盯住不放做好。比如电信诈骗案件防范,焦燕对于防范传单的发放要求特别高,每一份传单都要发到居民手中,并让接手的居民签字确认并告知家人。焦燕说,这样一来,老百姓就会对防范的内容更加重视,就能够减少群众受骗上当。对于各种消防隐患,焦燕从来不会手软。小区附近的真新商务楼一层饭店多,有一条消防通道被各家店占着,商家在通道上私装了铁门。这栋商务楼楼上都是宾馆,隔壁是个小学,一旦发生火灾后果不堪设想。焦燕去检查,指出消防隐患让各家整改,大家嘴上虽然答应，但每户都指望着别家先拆，到最后竟然没一个动的。焦燕知道这是块难啃的骨头，特地召集商家开会，并开出每家罚款500元的罚单。商家被罚了，心想再拖延一下就过去了，没想到焦燕三天两头过来检查，不断督促商家动起来，告诫他们若不拆除继续处罚，直到违章搭建全部拆除、消防通道重新让出来为止。后来，事情终于妥善解决。

所谓医者，妙手仁心，方能药到病除。比方治疗牙疼的胶尖充填术，增一分则太深、减一分则太浅，都会引起周围组织发炎。每一个病者坐上治疗台，都是期盼的眼神，与这种期盼在很小的空间里交汇的是专注的目光，这一份专注给病人传递的是信任和力量。

社区是个万花筒，每天都会发生形形色色、鸡毛蒜皮的事情。人与人之间也常常会因为一点小小的纠纷而伤了和气、结下梁子。焦燕说话和风细雨亲和力强，在社区里调解各类纠纷，又能一碗水端平，大家都乐意听她的。

铜川社区有个非机动车车棚，居民每月缴纳20元费用可以停放非机动车。车棚管理由物业委托承包给王某，并签订委托协议。但老王之后又将车棚的日常看护，委托给残疾人阿灿，阿灿和老婆平日以车棚为家，日子过得虽然清苦却也有一个安稳的落脚点。但是，突然有一天居民停进去的一辆电瓶车被人偷走了。其实，阿灿对每天进出的人员都留着心眼。可是,当天天冷,进出车棚的人都戴头盔或口罩,可能就给贼混了进来还得逞了。被偷的居民找物业索赔,物业找承包人老王,老王找阿灿。车主提出的3000元对阿灿来说是个不小的数目,他每个月看车棚的收入也就600元。阿灿死活不肯赔,说这贼混进小区,物业也有责任。物业认为将车棚承包给老王,这钱就得老王出,老王则认为找阿灿看车棚,出了岔子就得由阿灿承担责任。就这样,一起盗窃案件造成了一个难解的死循环,车主天天到物业吵着要索赔。焦燕接手后,先做车主工作,按照折旧等因素,将索赔的价格降到了2000元,然后主持三方会谈,按照每方三分之一的责任确定分摊比例,最终解决此事。按说,此事到此就结束了,但焦燕觉得还没完。一方面她让阿灿吃一堑长一智,加强平时的防范,另一方面她积极协调物业,根据委托协议,合同期满就让物业将承包权直接给阿灿,以减少中间环节。居委会也在焦燕的推动下,将阿灿作为扶贫帮困对象,逢年过节、生病住院都给予适当补助。从此以后,车棚再也没发生过案件,阿灿不但看好车棚的车,平时小区来了什么可疑人员、一有风吹草动都主动向焦燕报告。

老式小区公共区域小、车位少,进出车辆人员又多,往往会引发停车纠纷。2015年就有一名小青年为了停车的事情,把保安打成眼骨骨折,被判了五个月的缓刑。老小区车辆停放也是如螺蛳壳里做道场,有时稍微停得歪一点就可能影响其他车辆的进出。前不久,一辆车子回来晚了没地方停，就停在一幢楼的门洞前。没想到，车子影响到居民尤其是电瓶车的正常进出，四个轮胎都被扎破了。车主这下跟物业耗上了，要求赔偿而且坚决不把车子拉走。结果车窗也被人偷偷敲碎了。车主胸闷不已，找到焦燕要求破案。焦燕查看监控探头，正好是盲区，又一家家地走访整栋楼的居民，调查的同时也开展法制宣传。没人承认破坏车子，也没人检举谁使的坏，焦燕为了缓和矛盾，劝车主先将车子拉走，并主动联系熟悉的车行给车主修车打点折。车主虽然苦恼，但看到焦燕如此认真办事，最终也就作罢。事情虽然暂时平息，但解决停车问题却排上了焦燕的工作日程。在焦燕的努力推动下，小区最终安装了道闸系统。一些外面的车子不能够停进来，车位自然多了起来。这样，进出车辆有序，停车问题也得到了有效的解决。但一些"老油条"总是变着法儿要逃费，为此新的纠纷逐渐显现。于是，焦燕就在道闸试运行期间，每天在上下班高峰时站在小区门口立岗，问题也随之迎刃而解。

菜花样的癌细胞混在一片片不断分泌而出的浓痰里。一股呛人的恶臭从病人口腔里散出，钻进防护面罩、刺激着她的鼻黏膜。虽然，这样的手术一站就是十几个小时，可是那双始终如一的眼神里只有关切。

焦燕值班的时候经常坐窗口接待群众，帮群众办理户籍手续和解答户口政策。她从来不怕啰唆,对容易出错的环节多叮嘱几句,老百姓若有什么问题,焦燕都耐心地一一解答。有些户口没法解决的群众,自然而然会把怨气发在接待的民警头上,焦燕总会倒杯水让对方慢慢发泄、心平气和地解释清楚。除了当过医生,焦燕还是国家二级心理咨询师。心理学上有一种叫"共情"的概念,焦燕能通过聆听,在发泄情绪者身上,体验他们的内心世界,通过有效的沟通化解不良情绪。

"爸妈,儿子不孝,养育之恩只有来生再报!"一条短信让方老伯夫妇差点晕厥,他们呼天抢地地拨打儿子大方电话却始终没人接听。这是人命关天的大事啊,方老伯赶紧向焦燕求助。大方因为沾上赌博恶习,在公司职务侵占60多万元被取保候审,闹得妻离子散。作为取保候审人员,大方定期要到焦燕那里报到。这会儿,焦燕用自己的手机给大方打去电话,一次不接就打第二次、第三次……终于,电话那头传来了大方沮丧的声音。焦燕跟他直说,取保候审是他父亲做的人保,首先要为父亲负责。一切可以从头再来,命没了就什么都没了。父母以后生病了怎么办,他们就你一个儿子,再说你的孩子终归也要亲生父亲的……一番话说到了大方的心底里,也就此将他从生死的边缘拉了回来。

虽然每天都会感受各种负面情绪,但焦燕从来不把这种负面情绪反射给群众。处理一些原则问题当然丁是丁、卯是卯,但她总能多想一层,多跨一步,从根本上找到解决问题之道。吴老伯收留了两条流浪犬,可是两条狗在家里总是叫个不停,影响邻居的正常休息。举报电话打来,焦燕上门给吴老伯做工作,按照文明养犬相关规定,养狗必须办狗证,且一户人家只能办一张狗证。吴老伯起初听了就来气,坚决不让焦燕把狗带走。焦燕好说歹说,承诺会善待小狗,等吴老伯办完狗证就可以把狗领走。吴老伯无奈,只能将其中一条狗送到女儿家养。养狗扰民的纠纷虽然及时解决了,但是看着吴老伯抱着小狗,蹒跚离去的背影,焦燕感情的闸门一下子被打开了。

铜川社区常住居民7000多人,60岁以上老年人达到了3000多,老年人的人口密度非常高。辖区还有许多孤寡老人独自生活,平时没人照料,更缺乏关爱。年纪大了行动难免迟缓,用电用气稍有不慎后果难以想象。焦燕入职居委兼职担任副书记后,与居委干部一起商量对策,推出"老伙伴"结对子活动,发动50至70岁的老年人与70至90岁的老年人一对一结对子,开展手牵手互帮互助。焦燕也确定一些重点的对子,每月回访了解"老伙伴"们的情况,并上门开展安全提醒。每每遇到辖区行动不便的老人要办理户口、身份证的,焦燕不管刮风下雨还是节假日休息,总是有求必应上门服务。社区有个60多岁的独居老人浦阿姨,她总感觉街坊邻居与她故意过不去,她住二楼竟然和一楼、三楼的邻居三天两头地吵架,吵得凶时甚至还操过菜刀。焦燕调解纠纷时,与浦阿姨促膝长谈,找到了浦阿姨长期没有人关怀的病根,就经常关心她的日常生活。浦阿姨从来没有这么强烈地感受过来自别人的温暖,更何况是一个女警官,浦阿姨被深深地感动了,每次只要焦燕到场再大的火气她都会烟消云散。焦燕另一方面也跟浦阿姨的邻居耐心地做思想工作,避免新的矛盾产生。后来,焦燕去的次数越来越多,吵架的次数越来越少,浦阿姨见到焦燕总是喜笑颜开,打心底里称赞焦燕比闺女还亲。

尾　声

只要知道焦燕经历的人,都会诧异焦燕部队退役时的职业选择。焦燕的许多同学如今已是一些大医院的骨干力量,而焦燕至今仍是一名普通的社区民警。每每遇到这样的疑问,焦燕总是莞尔一笑:是因为割舍不断制服情!

在焦燕家中挂着一幅特别的水墨画,这是她十年前还在当医生时,一名患淋巴瘤的海派画家专门为她画的。画家向死而生,虽受尽长期化疗带来的痛苦,但也在医院感受到了人间的温情。在他面前的焦医生说话温和、诊疗悉心,周末即使不上班也会到病房察看关切一番。画家病愈出院后,创作了这幅《春燕衔泥》的画作,专程送到医院。这幅画是对焦燕工作的肯定,更是意境深远、寓味深长。如今,画家笔下的燕儿,真的在社区衔泥筑巢,带着一份执着,带着一份深情,飞入了寻常百姓家。

虽然大家嘴上管倪寅风叫"老倪",但其实心里头一直管他叫"老严"。

老倪"老严"

——记闵行公安分局莘松派出所社区民警倪寅风

文 / 衣江秋

"老倪老严哦。"

所里的领导、身边的同事、社区的居民都这么评价倪寅风。上海闲话里，"倪""严"不分，虽然大家在口头上管不苟言笑的倪寅风叫"老倪"，但其实心里头都一直管他叫"老严"。

是啊，在闵行公安分局莘松派出所，社区民警倪寅风的严格和顶真是出了名的。工作上绝不拖拉，办事时一丝不苟，执行任务保质保量，社区警务踏踏实实。

因为，面对他的辖区，老倪不严一点根本不行。老倪当了32年社区民警，曾在华漕、虹桥、梅陇等多个派出所摸爬滚打过，算得上见多识广。可是，2003年5月起接手的莘庄镇东街、西街还是让他眉头紧锁，因为他的辖区是典型的"三无"社区——无围墙、无保安、无监控，安全防线几乎为零；换句话来说，也就是把受自己保护的老百姓通通暴露在外面，不加防护。一想到这，老倪晚上就急得睡不着。他的辖区，与其说是小区，倒不如说是地块更为来得贴切。有的小到只有一幢房，有的结构陈旧、至今仍在煤卫合用，还有的产权、物业不一致；还有一些小区甚至连名称都没有，有的只是诸如"莘建路60弄""南街51弄""张家宅""三官堂"这样的门牌号或地名；而且其间四通八达，临街的一楼还开出各种门面，服装、餐饮、房产中介，五花八门。随着近年来莘庄地段商业升温，社区里流动人口已经超过60%，大部分房屋成了出租房，复杂的人口构成加上大量流动人口，让老倪忧心忡忡，自觉压力山大。

老倪出任东街、西街的社区民警后,牵头进行了一次大规模的地毯式排摸,天天盯着物业和保安对借房户和住宿人员登记身份,积累了一尺厚的台账。同时,他还和居委干部一道逐家上门走访,督促物业公司做好防范工作。2010年世博会在上海举行,也让老倪趁势搭了趟顺风车。借着世博平安建设的春风,老倪牵头组织,为辖区里238个门洞安装了防盗门,还为其中条件较好的两个小区砌上围墙、设置门岗,进行封闭管理。那段时间,老资格的老倪竟"讨好"起了所里的小青年,整天软磨硬泡,心里的小算盘打的是如何在安装探头时多多向他的辖区倾斜。在谈到如何布点、设置角度时,老倪是胸有成竹,信手拈来——他心中早已推演过无数遍。现如今,这星罗棋布的100多个探头基本实现了全覆盖,有效弥补了社区安全防范上的"先天不足",成为警方的利器。

一根香烟换来三天拘留

老倪辖区的一大特点是商户特别多。据不完全统计,在不到一平方公里的地块里,商户竟达1400多家,最为密集的地段,短短20米的距离竟然开了12家小店,奶茶店、烧烤店、服装店、烟杂店、房产中介一字排开。

对老倪来说,这些商户无论大小,都是他的"特殊居民",都需要用心服务,严格管理。

国柜服装批发市场是重点防火单位,也是让老倪心心念念的重点区域。市场上下两层,400多家商户,囤积着大量服装、布料等易燃物品,楼上另有五层居民住宅,丝毫大意不得。

　　在"国柜",小老板们都见识过老倪的严厉。消防通道堆物?不行,马上整改,否则就要吃苦头。出现纠纷?老倪及时出马,准保握手言和。发生拎包扒窃?赶快行动,和公司方协调增加保安力量,马上组建商铺巡逻队,改进楼道监控,并逐一提醒,加强防范……总之,只要老倪的身影一出现,就意味着不能捣糨糊,一切必须从严开始。

　　对这类服装市场,火灾猛于虎,自然是禁烟的重点区域。去年夏天,老倪敏锐地发现市场里吸烟现象有所抬头。趁着做生意的空当,许多小老板不顾禁令,猫在自己的铺面里吞云吐雾。市场里是绝对禁止吸烟的,不仅张贴着禁止吸烟的告示,保安们也经常巡视,还为此罚过好几个小老板的款,可总有人心存侥幸,屡罚屡犯。

　　这一天,老倪在市场例行巡查时,鼻子一耸,竟然闻到了淡淡的烟味。烟味若隐若现,似有似无。老倪循着气味飘来的方向一路找去,终于发现了源头——一楼的一处铺面里,正有人躲在高高的柜台后抽烟。老倪一看,又是那张老面孔,30多岁的小徐,以前曾被他多次教育过,还被罚过款。眼看小徐屡教不改,老倪火冒三丈,决定这次要严厉处罚,以儆效尤。

　　没有想到小小一根烟,竟然惹出大麻烦,小徐慌了神,四处托人说情,不料老倪不为所动,绝不让步,坚持执行行政拘留三天。一根烟换来三天拘留,这个重磅消息犹如一块石头扔进平静的水面,在市场里激起连锁反应。那些"老烟枪"都乖乖收敛起来,再也不敢"顶风作案",在市场里吸烟的现象基本绝迹。这事让老倪觉得,严厉如果用得好、用在刀刃上,有时可以取得事半功倍的效果。

小烟头可能引发大火灾,威胁到居民群众的生命财产安全。对这样的原则问题,老倪严之又严,寸步不让。

小事当成大案办

和其他社区民警不同,除了要处理居民家中的家长里短,老倪还要处理"特殊居民"间的纠纷。

有两户商家相邻,因为卖的都是男装,同行恶性竞争,彼此积怨已久。这一天,一位男青年到店里看中了一件丝光棉的圆领T恤,面料新颖、款式时尚,顿生欢喜。男青年和女营业员小余一番讨价还价,基本谈好150元。可他还有心杀杀价,作势不买,刚装模作样走到门口,还没等到小余开口,就被隔壁的店主小王热情地拉住:"到我们这里来看看吧,我们也有同款,我们只卖120元。"

这不是抢生意么?抢生意抢到家门口来了?!小余顿时气不打一处来,指着小王就劈头盖脸一番数落,小王自然不甘示弱,用同样恶毒的语言回击。这下,两人都顾不上做生意了,从争吵升级到肢体冲突。小王是男的,力气大,一把将小余推倒在地,小余昏了过去,头上冒出了鲜血……

小王见势不妙,赶紧开溜。其后,手机不接,店门紧闭。老倪深入了解得知,原来小王早已将店铺转让出去,这次见事情闹大了,索性脚底抹油——溜了。

事发后,老倪第一时间赶到现场,拍照固定证据,走访目击证人;同时耐心安抚小余,好言宽慰。可是,脾气倔强的小余一心要讨个说法,甚至还猜忌是警察办事不公,包庇对方,扬言要去上访。老倪夹在里面两端受气,可是将心比心,他也很理解小余的想法。这个时候,说什么好听的话都是徒劳的,唯有将打人者绳之以法才是正理。

老倪把小事当成了大案办。他把小王的照片打印好,分发给辖区保安,叮嘱他们一旦发现要及时向他报告;另一方面,他借助各种公安信息系统,开始了对小王锲而不舍的数据追踪,涉及网络、出入境等多个条线,悄然布下一张大网。

那段时间,同事们发现平时爱下社区的老倪破天荒"泡"在了办公室,电脑前一坐就是半小时,苦思冥想,似乎心事重重的样子。

这件事,成了老倪心中的一道坎。直到三个月后,露出蛛丝马迹的小王被绳之以法,老倪的脸上才重新有了笑容。他想,现在总算对小姑娘有个交代了。

严苛也有破例时

老倪并非严苛得不近人情,他也有破例时。

莘建路有对老夫妻,80多岁,早些年从老卢湾动迁而来。杨老伯上海户口,陈老太是江苏农村户口,两人在莘庄住了十几年。近些年,陈老太自觉身体状况大不如从前,想把户口迁进上海,也享受享受大上海的福利。

可是,问题来了,这对老夫妻没有结婚证。

是真的,没有结婚证。

那天,老夫妻俩颤颤巍巍相互搀扶着去派出所窗口询问,窗口民警依照菜单,为他们勾出必备材料,并一一解释这些材料如何取得,需要盖什么样的公章……

在得知夫妻投靠必须有结婚证时,杨老伯一下子火冒三丈,激动得脸红脖子粗,气得大叫:"我和老伴是解放前通过媒婆介绍成亲的,你让我到哪里去补结婚证?!"

陈老太也显得特别委屈:"我们连孙子孙女都有了,还问我们要结婚证?"

……

老倪接手此事后,想方设法弄清了来龙去脉,脑筋一转,琢磨起对策。

规定就是规定,对所有人一视同仁,不可更改。事实婚姻并不等同于法律婚姻,这个难题有历史原因。按照相关规定,夫妻投靠要十年后才能落户。可是,对这些风烛残年的老人来说,还能等得起十年么?!那么,可不可以进行人性化操作呢?那几天,老倪总有些心不在焉的,满脑子都是此事。

终于,他找到了解决之道。他把计划写在纸上,按步骤一步步进行操作。他开车接上老夫妻俩,陪他们到民政局补领结婚证;再督促窗口把材料收齐后,向有关部门提出申请,要求特事特办;其后,老倪就盯上了此事,隔三岔五地催问……

在他的关心下,在历尽许多周折后,户口终于批了。老倪至今仍清楚地记得自己上门送准迁证时的一幕。瘦小的陈老太打开门

见到他时，眼睛一亮，手脚也有些颤抖。瘫睡在床上的杨老伯竟然一下子坐了起来，抚着胸口叮嘱老伴：赶紧泡茶，赶紧泡茶，请倪警官喝杯好茶……

没多久，老倪听说，杨老伯因病去世了，陈老太也搬离了莘庄，搬到他处与儿女共住。虽然后来再也没有见过老太太的面，但老倪知道，自己总算没有让一位老人带着遗憾离世，总算让另一位老人感受到了上海的温暖，自己的辛苦，值！这场与时间赛跑的申请，考验的是社区民警的职责担当，检验的是人民警察的人性关怀。

故事渐渐为人淡忘，唯有那面鲜红的锦旗仍醒目地挂在莘松派出所的墙上。

2016年1月，闵行公安分局假座区群艺馆进行2015年度"十佳"优秀社区民警的评选表彰，老倪也有幸走上台接受公众的检阅。虽然最终未能当选，但对50多岁的老民警倪寅风来说，能上台展示自己的故事，其本身就是一种成功！

施继明是左撇子,从小练习书法,从左手练到右手,两手书写自如、笔力深厚。施继明认为书法艺术和社区警务有着许多共通之处,且看他的——

社区警务"永字八法"
——记嘉定公安分局安亭派出所社区民警施继明

文/徐 波

字如其人。施继明的字,苍劲沉稳、力透纸背、气定神闲、宁静致远。观者会觉得,写字人应是一个值得交往的人,红梅社区的居民也是这样认为的。施继明的"永"字,含蓄隽永、清朗飒爽,仿佛包罗万象、气吞寰宇。相传,书圣王羲之有言,写好"永"字,所有的字都能写好。施继明做人做事都如此字。那么他的社区警务"永字八法",究竟是何种"法宝"?

一横一竖,平直有度,犹如字的"主心骨",是书法大道至简的基本功。只有这基础打好了,万丈高楼才有底气。

社区警务是公安管理的基础工作,人口登记、社区防范等一系列"打地基"是基础工作的重要内容。社区门禁系统一直是施继明牵肠挂肚的事情。

红梅社区1500多户人家,老年人和来沪人员占了很大的比例。安装门禁虽然对安全防范大有裨益,但也有居民觉得进出不方便,能否得到大多数居民的同意还是个问题。在安装前,施继明发动楼组长挨家挨户地进行宣传,并发放征求意见表。门禁系统得到绝大多数居民同意并公示无异议后,陆续安装起来。芙蓉二街坊刚安上门禁杆子,张老汉就因为没带门禁卡进不了小区,恼羞成怒竟开着电瓶车将杆子撞开。这事可谓是对门禁系统的"挑战",施继明觉得必须严肃处理。于是,他找到张老汉,要求他对所造成的损失进行赔偿并向物业致歉。可张老汉是个犟脾气,虽然承认自己撞了杆子,但不愿赔偿,他始终认为装了杆子影响自己的进出。施继明拿出征求意见表,一张一张地翻给张老汉看,告诉张老汉:小区不是他一个人的小区,而是一个整体,如果张老汉固执己见,那么就要因涉嫌破坏公私财物被传唤到派出所。看着社区民警如此较真,自己本来也理亏,最后张老汉只好认赔并承认错误。门禁装好后,小区的偷盗案件直线下降,居民拍手称赞。

社区防范靠大家,这是施继明一贯的工作理念。除了原有的居委干部、楼组长、志愿者以外,施继明还组建了两支特殊的小区日间防范队。这两支日防队由30多名社区矫正对象、社区低保户人员组成。社区矫正对象都是吸毒或缓刑服刑人员,必须定期组织起来参加义工活动,而低保户享受政府补贴应该承担相应的义务,这一点在培训会上施继明明确作了说明,也得到了大家的认可。社区帮教对象王某因为寻衅滋事被判刑,在社区日防队积极主动,早晚高峰时段还戴起红袖章主动到小区门前道路配合疏导交通。享受低保的潘先生,除了做好白天的日常巡防外,还骑着自行车挂个喇叭每天傍晚向居民做防范提醒。每年年底,施继明在两支日防队伍中评选积极分子,并通过争取,购买了米、油等慰问品作为激励,促进了日防队工作的良性循环。

物防、技防、人防措施上去,施继明觉得还是远远不够。他说小区防范最重要的是"意识防",只有真正提升了社区居民的防范意识,才能实现"篱笆扎得紧,野狗钻不进"。近年来,"红梅微社区""身边的社区民警"APP 相继上线,施继明运用"互联网+"提升居民的"意识防",于是施继明变成了居民智能手机上的"小施"。居民的手机上,经常能看到施继明推送的防范电信诈骗、火灾自救等各类警情信息和防范妙招。陈先生是"朝九晚五"上班族,平时没时间参加社区的警情通报、防范宣传活动,自从关注了"红梅微社区"公众号,他也开始热心社区防范。经过观察,陈先生发现小区西侧有个监控盲区,就通过"红梅微社区"向施继明反映这个问题。陈先生的建议很快得到落实,这个监控盲区新增了探头。这还没完,陈先生在微信上得到反馈信息后,还受到"小施"邀请,对红梅社区监控存在的盲区进行逐个排查,提出意见和建议。陈先生大受鼓舞,和施继明对小区探头的设置进行实地勘查和布局,红梅、金香园等区域新增八个监控探头。和陈先生同样成为"小施"忠实粉丝的还有戴阿姨,自从公众号和 APP 上线后,戴阿姨一直主动向其他楼里的居民介绍"互联网+"的好处。

去年 9 月,戴阿姨听见楼下有人在挨家挨户敲门,下楼后发现有人自称是居委会工作人员上门安装报警器。戴阿姨联想到近期"小施"在微社区推送的防骗宣传内容,连忙下楼提醒居民不要轻信,并拨通居委会电话进行确认,这些人见状落荒而逃。居民小高是通过微信平台"我要办事"和小施成为朋友的。小高开始还不太相信,开"无犯罪记录证明"不用跑派出所,只要在线提交申请后由社区民警小施审核开具，就可以直接到警务室领取，这可真的实现了不出小区就能办事的承诺。小高由此也对这两个平台有了更多的关注。除了咨询办事外，小高发现还可以通过文字、图片、语音、视频的方式在线反映问题、提供线索，于是就针对所住公寓的消防通道被杂物堵塞问题拍照上传，晚上回家时发现堵塞的通道已经被打通，小高手机上也收到"小施"警官发来的一声感谢。

一点一挑，灵动韵致，看似千头万绪，实则一笔带过，始终运于掌上；看似轻描淡写、挥洒自如，实则蕴藏深厚，含而不露。

社区里有数不清的鸡毛蒜皮，有些事情能够把人烦死。施继明内心沉静，调解一次不行就两次，两次不行就三次，直到双方化干戈为玉帛。

芙蓉金香园有个广场，大妈们从前年开始，每天晚上六点半准时起跳，跳一个小时。广场正对着的一栋楼里有个李阿姨实在受不了，不断投诉广场舞噪声扰民、影响居民休息，但始终无果。李阿姨忍无可忍地来到广场上，把音响的U盘拔了下来。原本还在跟着音乐翩翩起舞的大妈们，随着音乐戛然而止，都愣住了。眼尖的王大妈快步上前拦住正要离去的李阿姨，质问她为什么要拔掉U盘，所有大妈都围了上来。李阿姨见状发怒了，一场骂战随即开始。李阿姨的女儿也加入骂战，双方越骂越凶最后动起手来。吵架是果不是因，广场舞扰民问题是根本。李阿姨气呼呼坐在警务室,铁了心要阻止大妈们跳广场舞。施继明捧上一杯热茶,倾听了李阿姨的诉说,原来李阿姨晚上是要上夜班的,大妈们跳舞的时间正是她要睡觉休息的时候。但大妈们则认为吃完晚饭哪有人睡觉的,而且广场上跳跳舞也是居民正常的文化活动,小区不能因为一个人而影响一群人。

施继明耐心劝导,对双方晓之以理。但他知道光说没用,必须"说"有依据。于是,他发动社工对广场周围的一百户人家进行逐一问卷调查,有80%的居民认为没有影响,小部分认为稍微有点影响但可以接受,三户人家认为有影响,除了李阿姨外,还有两户居民家中有小孩要参加中考,也反映有影响。调查结果有了数据支撑,施继明调解就有了底气,但这还不是全部。施继明请来一名携带专业环境监测工具的人员来到两户居民家中进行实地检测。请来正反双方,当场检测。广场音响音量分为十格,调到七格时,影响最大的李阿姨家中测出音量为70分贝,施继明要求大妈们再调低一格音量,大妈们对这个音量能够接受。这个结果,别的居民都不反对了,李阿姨和另外两户居民自然也没话说。面对民警这么细致的工作,双方都表示满意。

俗话说,远亲不如近邻。邻里关系是否和睦,影响到社区的稳定。但生活中难免发生各种摩擦,施继明乐于倾听、善于调解,他的大气谦和总能感染到发生矛盾的双方,再深的积怨通过一次次耐心的接触,最终都能冰释前嫌。倒痰盂的故事在红梅社区流传经久,王大爷每每说起总是赞叹施继明耐心周到。原来,红梅沿街的一排公寓是老式公房,两户人家合用一个公共厕所。80多岁的李老伯夫妇与残疾人陈女士家本来只有点小矛盾,不过也不至于不可开交。可是自从李老伯患上了糖尿病,两家人的关系就开始紧张了。原来李老伯每天早上去厕所倒痰盂,要经过陈女士家门口,好几次李老伯经过时,陈女士家正在吃早饭。于是,陈女士夫妇俩怒不可遏地与李老伯吵了起来,不允许李老伯倒痰盂。李老伯觉得冤,自己生病晚上不便起身,只能次日早上倒痰盂,现在遭此羞辱,他恨不得将痰盂直接倒到陈家去。为了这事儿,施继明上门不下十几次,好不容易双方达成协议,白纸黑字落下,约定李老伯每天三个时间段可以倒痰盂。原以为事情就这么结束了,可是三个月后陈女士又后悔了,到处上访说自己签的协议无效。施继明再次上门,陈女士夫妇就是不让对方倒痰盂。施继明见工作做不通,就从其他邻居家侧面了解情况。他敲开了楼下王大爷的家门。王大爷向施继明反映,两户人家其实并不是在倒痰盂这一件事上“别苗头”,而是生活中的各种小摩擦积累起来才闹腾出这样的大动静。施继明一听有门,忙向大爷请教,王大爷见施继明如此谦虚,噗嗤一笑便自告奋勇站出来。施继明和王大爷说好一会上门,两人一个唱红脸、一个唱白脸。王大爷上门便大发雷霆,细数两户人家今天为了一摊水、明天为了一扇门的日常小事勾心斗角,日吵夜吵,不顾脸面,不顾他人安宁,真是太过分。一桩桩、一件件地细细说起来,说得两户人家目瞪口呆,心生惭愧。见时机成熟,施继明接过王大爷的话茬,善言相劝、晓以利害,陈女士和丈夫终于偃旗息鼓。

王大爷的出现令整个调解过程柳暗花明,施继明由此悟到社区纠纷需要民警、居委干部,有时也需要借用"外力"。能在社区解决的,就努力在社区里解决。他与居委干部、司法调解员、社区志愿者、物业管理员组成纠纷调解小组,尽量发挥亲情、友情的作用。一次,有个小孩子玩耍时碰倒一个老阿姨,老阿姨责备小孩引起了孩子父母反感,双方吵起来并相互推搡。正当调解陷于困难时,小孩子主动向老阿姨说了句对不起,施继明因势利导说,连小孩子都懂得宽容,你们大人还吵什么?说得大家哑口无言,各自散去。施继明调解了无数个社区纠纷,他说只要用心去调解,老百姓都看在眼里,将心比心都知道退一步海阔天空的道理。

一勾一提,气势磅礴,有铁骨铮铮的硬朗,有泉鸣叮咚的深沉。手腕相连,心气相接,胆识与智慧相互交融,豪气与温婉兼蓄并济。

"狐狸尾巴终于露出来了!"监控中的嫌疑人面目不清,但在路灯下,这名男子的背后亮闪闪的东西随着走路而晃动,还真像根尾巴。这是一串钥匙,钥匙圈上好像吊着一个很大的指甲钳,那银色的亮光就是指甲钳的反光。调阅大量的监控录像后,施继明终于发现了这个重要细节。

王先生大意,晚上八点多把车停在小区主干道上,居然把自己的公文包放在后座上。汽车原本就不是保险箱,更要命的是王先生居然忘了关闭左后车窗。王先生见到施继明,在叙述案情时连连拍大腿,这公文包里的钱财和卡倒是小事,关键里面有空白现金支票,只要填了就能领取。接报案件后,施继明开始调阅小区监控录像,他分析偷王先生公文包的男子应该不是惯偷,很可能是刚好路过见财起意、顺手牵羊。录像中这名男子在 19 至 21 门洞附近消失,施继明判断该男子极有可能就住在这三个门洞里。但是,由于没有确凿的证据,18 户人家一户户排查难免会打草惊蛇,所以怎么找到他、找到他之后如何确认,施继明动起了脑筋。施继明一点点回放录像,终于在拐弯处的路灯下看到了这样一个重要特征。施继明决定安排力量伏击守候,但是守了一夜没有结果。第二夜施继明在小区继续布置任务时,一个身影从眼前闪现了一下,匆匆消失在夜幕中。施继明觉得身形和走路姿势十分眼熟,急忙跟上,这名男子进了 19 号门洞上了二楼。上了二楼,这男子在走廊里撸起袖子准备炒菜,锅还没烧热,一个转身,屁股后面荡着的钥匙连同那个扎眼的指甲钳就闯进了施继明的眼帘。施继明一下子成竹在胸,第一句话就问这男子:“你是不是做了不该做的事?”语气丝毫不容置疑,这男子暗暗叫苦、束手就擒。

　　由于长年累月在社区工作,施继明已和居民打成一片,每每社区发生案件,居民们都会积极向施继明提供线索。案件一发生,施继明就及时向居民们通报警情,提醒大家近期的防范要点。2014年4月份,红梅和玉兰等多个社区连续发生12起偷盗电瓶车案件,监控发现是一男一女组成的"雌雄大盗"。监控里男子戴着头盔,女的撑把雨伞,两人的活动范围主要在红梅,施继明分析两人很可能就住在红梅社区里。于是,施继明发动社区居民进行辨认,这一招果然见效,没过多久就有居民反映这对男女曾在小区7号门洞进出过。可是在这个门洞排查时发现,里面居住的人员都比较本分,不太可能进行偷盗。俗话说,兔子不吃窝边草。眼看线索就要中断,施继明及时调整思路,从该门洞人员的关系人进行排查,发现2楼一大妈的女儿有吸毒前科。原来,大妈帮女儿女婿在红梅的家里带小孩,小两口则住在市区李子园一带。案发的几天小两口还真的到大妈家里来过,拉出女婿照片和监控拍到的画面一比对,没有十分也有八九分像,反映线索的群众也说就是他俩。于是夫妻俩被传唤到派出所,很快他们就对自己的偷盗行为如实交代。原来两人因为毒瘾发作,动起了歪脑筋,不光在安亭地区偷,他们到处偷,在全市范围内偷了一百多辆电瓶车。这两人反侦查意识强,在作案时刻意躲避监控探头,在安亭作案是来看小孩时顺便"出手",没想到这次栽在了社区民警的手上。

长期的社区经验告诉施继明,吸毒人员戒毒后如果社区帮教不到位,很容易复吸。而吸毒人员往往因为缺少毒资,会走上偷盗、抢劫、卖淫甚至以贩养吸的道路。所以,施继明对自己社区里的30多个吸毒对象格外上心。这对"雌雄大盗"也给了施继明很大的启发，他认为不光要盯着这些有吸毒前科的人员，还要将直系亲属吸毒又不在此地的人员纳入视线，由此他建立了135名有违法犯罪前科人员的详细档案，以加强社区日常管理工作。

一撇一捺，虚怀若谷，胸襟广阔能装下高远之志，于无声处能显出端庄典雅，追求尽善尽美是一种态度也是一种境界。

钟老伯年近80，是个独居老人。他和施继明认识，缘起一次纠纷。那一次底楼住户经常喂养一条从外面跑来的狗，他不由得想起自己以前在楼下种了一株葡萄，好不容易葡萄长出来了，底楼居民居然擅自将葡萄采摘下来，俨然那株葡萄是他们家种的一样。现在看到这条狗，钟老伯见着就来气，把怨气撒在了狗身上，他从六楼扔下砖头赶狗。这可吓坏了底楼的住户，赶紧找到施继明反映情况，老头子六楼扔砖头万一砸到谁，岂不要闹出人命来？施继明敲开了钟老伯的家门。钟老伯知道施继明的来意，可是坐下来嘘寒问暖半天也没见民警质问自己扔砖的事，民警这么关心自己的身体，钟老伯大为感动。没等施继明开腔，钟老伯就自己承认扔砖不对。

在聊天过程中，施继明了解到钟老伯内心孤独，平时又缺少关爱，才会有如此举动。于是，他牵线搭桥将钟老伯介绍进了社区"夕阳红"合唱队，得知老伯也喜欢写毛笔字，就经常上门与老伯切磋技艺。钟老伯自从与施继明认识后，人开朗了许多。施继明作为居委副书记，还积极推动"老帮老"志愿项目，发动五六十岁的老人组成志愿队，结对帮助七八十岁及以上独居老人。独居老人大多因为子女住得远或其他原因得不到悉心照顾，通过发动志愿者定期电话聊天、上门服务使他们能够得到近邻的关心和照顾。

　　社区警务是社区工作的一部分，人的管理就要与人多沟通交流。施继明有一种社区情怀，他把自己真正地融入到社区。2016年3月1日起，《反家庭暴力法》实施，家庭暴力的具体定性和处置有了法律依据，施继明再一次回访了位于芙蓉新村的一户人家。两年前的一个夜晚，李先生的妻子盛女士拨打110，施继明出警到现场。盛女士头发散乱，脸上有五个手指印子。盛女士刚生完第二个孩子，这种情况下还遭到丈夫家暴，盛女士的哥哥出场劝架，结果两个男人动起手来打得头破血流。调解结束后，李先生坚决要和盛女士离婚。施继明多方了解，原来盛女士经常嘴不饶人，在老人带孩子的问题上与李先生纠缠不清。李先生是个"闷葫芦"，却是个孝子，火气积累到临界点就爆发出来了。以前也有过打骂，但这次真的是闹僵了。李先生决定要离婚，盛女士却不想离。李先生是个犟脾气，亲戚朋友反复劝说都没用。李先生在松江上班，施继明有一次和李先生整整打了三个小时的电话，他耐心倾听李先生的倾诉，并从家长为小孩负责、男的要有包容心等方面开导他。另一头，妇联干部也给盛女士做工作，最终双方以及老人达成调解协议。此后夫妻间虽有许多摩擦,李先生都处处忍让。李先生告诉施继明自从和施继明谈心后,他畅快多了,他尽力调节好自己的情绪,再也不会动手打老婆了。这次上门回访,施继明见一家人其乐融融,非常欣慰。对于家庭暴力,施继明还积极向派出所建言献策,建立妇联、公安、司法、综治、社区等各方力量协调机制。2015年,安亭派出所成为市级家庭暴力干预服务项目试点单位,建立了一套完善的家暴发现、干预机制。

尾 声

从去年开始,交通违法行为大整治工作开展得如火如荼,施继明的工作节奏也明显加快,除了要做好日常的社区工作,他还走出

社区来到道路上积极投身交通违法整治。辖区里有个焦阿姨十分佩服施继明,她见施继明工作繁忙,人也消瘦了许多,就专门给施继明烧了一碗红烧肉。虽然反复推辞,但盛情难却,施继明还是和居委干部一起吃了这碗爱心红烧肉。

午后,施继明在焦阿姨的强烈要求下,铺纸研墨写下楷书"宁静致远"四字送给焦阿姨。"永字八法"的功力毕现其中。练好"永"字,只要功夫到,什么字都能写得好。搁下笔,看着字,施继明这么想。

凌万来可以说是一名"百变警察",发案子就变身为治安警,有纠纷就变身为社区警,抓防范就变身为巡逻警。

松江大学城的"百变警察"

文/袁　涛

一

"嗖"的一下，一个标准的敬礼，凌万来走到讲台前开始他今天的演讲。

现场正在举行一场PK大战，20位候选人两两对决争夺松江分局2015年度的"十佳警种标兵"荣誉称号，分局党委全体成员、各部门主要领导、历年先进代表、优秀民警代表统统到场。这可是松江分局每年一度的"大戏"。

凌万来是大学城派出所民警。这个凌万来还真有点来历，用根正苗红来形容他一点都不为过。如何个根正苗红呢？那就要谈到他的爷爷凌霄了。凌霄何许人也？如果读者有所不知的话，问一下"度娘"即可一目了然：

凌霄，革命烈士，1905年生于安徽省贵池县凌家村。生前担任中共安徽省贵池县特支书记，组织领导群众斗争。1934年秋，由于叛徒出卖，凌霄不幸在泾县被捕。1935年1月，转押到他的家乡贵池县，敌人轮番使用酷刑，把他折磨得体无完肤，但凌霄大义凛然，终不屈服。1月16日慷慨就义。

也许是从小受到爷爷英雄事迹的影响，18岁高中毕业后，凌万来一声不吭，瞒着父母偷偷联系当地的人武部报名参军，等到所有检查、测试都通过，通知书发下来后，父母才知道儿子报了名准备去参军。"生米已成熟饭"，而且作为烈士之后，原本打算让他继续求学的父母也就同意了儿子选择的从军之路。

临行前,年方18,风华正茂,望着故乡的热土,凌万来胸中豪气冲天,一首《投笔从戎有感》赋诗以明志:

投笔从戎别家园,两行热泪洒长江。

临行依依心已碎,恩情深深儿断肠。

励志从军宏愿立,何惧征途霜雪寒。

早建新功安国事,归期定着锦衣还。

从此,凌万来踏上了漫漫18载的从军路。从新兵蛋子,到进武警上海指挥学校深造;从组织培养提排长到正营职;从警务装备股,到警通中队,再到警务装备科,再到作战勤务指挥中心。凌万来把他最美好的青春岁月都奉献给了部队。

像许多军队的干部一样,随着年龄的增长,凌万来也走到了转业的当口。因为割舍不下部队的情结,更是爷爷凌霄对他的深层次的心理影响,凌万来想都没想就选择了公安作为他人生的第二站。

二

“一连串的问号挤满了大脑,我已经没有了退路,必须找到他们,揭开事实真相,哪怕是大海捞针,也绝不放弃……”评选现场,凌万来激情四射地演讲着他的故事,台下的观众以及评委听得津津有味。

　　凌万来转业后最初被分配在卢湾公安分局,没多久恰逢卢湾区、黄浦区合并,正好有机会可以选择分流,于是凌万来主动提出想到松江公安分局工作。一来他房子买在松江,二来他当兵的第一站就是在松江,松江对他来说有着一些特殊的感情。2012年7月,凌万来终于得偿所愿,来到了松江分局大学城派出所,正式开启了他的公安模式。

　　因为勤奋与努力,短短三年时间凌万来就赢得了领导和同事们的认可,也凭借自身的工作业绩,一路过关斩将,成功登上了2015年度松江分局"十佳警种标兵"评选的舞台。

　　此刻,他正在演讲的是"松江大学城抢小孩"的事。大学园区也会发生抢小孩案件?而且在网络上炒得沸沸扬扬,还惊动了市局领导。到底是怎么一回事呢?

　　事情还得从2015年10月12日说起。那天一大早,凌万来像往常一样七点多钟就到了所里。当他打开微信,手机随后传出一连串的叮咚叮咚声……"昨天松江大学城发生抢小孩事件""勇敢母亲从人贩子手中抢回孩子""家中有孩子的担心了,松江大学城光天化日之下抢小孩""这个社会太可怕了……"等等。众多信息中他看到了发帖人对事件的详细描述:"昨晚7点左右在松江大学城附近,我开车路过一家水果店,女儿说要买几个橘子,我让她自己拿钱包下去买,我在停车。仅十几秒的工夫,我就听见我女儿在喊:救命啊,妈妈救我……"

41

看到这些信息,凌万来心里直纳闷:发帖人没有来所报案,没有事发地点,这是不是空穴来风?会不会又是为了吸引眼球编造的谣言?大学城这么大,如果是真的,又该怎么找?会在哪儿呢?这件没有半点头绪的事,我要不要也像别人一样当一名看客?凌万来苦苦地思索着。不行!他必须马上行动起来。时间已容不得他多想,他顾不上吃早饭,赶紧在微信群里发了一条帮忙寻找发帖人的信息:"刚才大家发的抢小孩的信息,有谁认识这位发帖人?有联系方式吗?我想查一查这件事,如有,请速与我联系!"随后迅速查找前一天晚上所内监控情况,同时对街面所有的水果店展开了走访。可遗憾的是两个多小时下来却一无所获。正当凌万来一筹莫展之际,一个朋友给他截屏传过来发帖人的信息。他赶紧与发帖人朱女士取得了联系,并详细了解事发地点和经过。

　　发帖人找到了,事发地点的监控也找到了。正当他的心情由阴转晴一片大好的时候却因目标突然消失,一下子又一次跌到了谷底。大学城学生街 600 弄公寓内 100 多栋楼,几万名学生,他该从哪里找到他们?他们会不会是社会人员?如果不能找到他们,他对即将来所报案的发帖人该如何解释?又该如何向社会澄清他们不是"人贩子"?一连串的问号挤满了大脑,他已经没有了退路,必须找到他们,揭开事实真相,哪怕是大海捞针,也绝不放弃!

　　凌万来立即从所内抽调来 20 多名保安,动员了学生公寓内的物业、楼管、卫生阿姨、监控人员、辅导员老师等人员,分成九组,分别对三个学生公寓出入口、两个监控室、学生宿舍楼一一划片包干，逐组明确任务，突出查找重点，展开地毯式排查……

功夫不负有心人。通过七个多小时的认真查找，几经周折，晚上七点多钟在学校篮球场终于将所谓的"人贩子"找到。这时发帖人在其丈夫的陪同下也来到了派出所准备报案，"受害人"与"人贩子"终于坐到了一起，"大学城抢孩子"的事件真相由此水落石出。原来当天晚上朱女士的女儿拿着妈妈的钱包下车后，在往水果店去的路上撞到了一个女大学生。由于小女孩手里的钱包与这个女大学生的钱包一模一样，女大学生误以为小女孩偷了自己的钱包想溜，于是一把抱住小女孩抢回钱包，小女孩不明就里，非常害怕，就喊出了"救命啊，妈妈救我"！朱女士非常恐慌地抢回孩子迅速离开现场。晚上回到家后，马上在自己的微信群里说了这段噩梦般的经历。于是一场误会由此产生，"松江大学城抢小孩"的谣言迅速在网上疯传起来……

三

演讲完毕，凌万来"嗖"地一下，再次向台下的评委和观众敬了一个标准的礼，然后走下舞台，一边观看接下来选手们的演讲，一边耐心地等待最终的结果。"不知道自己表现得如何，不过从观众的反应来看，应该还可以。"凌万来心想。

凌万来主要负责学生街的管理。学生街是整个大学城的主干道，也是师生课余的主要活动场所。学生街东西长约三公里，商铺近600家，每天的人流量约六万人次，学生多、商贩多、外来流动人员多，治安环境复杂，社会面防控压力大。

作为学生街责任人的凌万来可以说是一名"百变警察"，发案子就变身为治安警，有纠纷就变身为社区警，抓防范就变身为巡逻警。

盗窃、扒窃案是大学城最为多发的案件。为了打击违法犯罪分子，凌万来可没有少变成治安警。

2015年上半年，在学生街连续发生好几起摩托车、电瓶车被盗案件，搞得师生和学生街上的商贩人心惶惶、抱怨不迭。为了给群众一个交待，凌万来下定决心一定要将犯罪嫌疑人抓获归案。

他反复查看监控，发现嫌疑人有很强的反侦查能力，每次作案都戴头盔，而且关三分之二开三分之一，玻璃还是反光的。既然看不清真面目，那就继续布控。有一天嫌疑人又来了，两人团伙作案。凌万来就马上指令保安在文汇路、人民路路口布控，自己立刻带保安到布控点。

"来了！"保安小张手指着远处说道。

"唉，你别用手指啊！"凌万来看到小张的举动容易暴露自己，着急地说道。

果然，敏感的嫌疑人看到保安手指着他，立刻掉头逃窜。

"追！"凌万来指令道。"呜"的一下油门踩到底，追击嫌疑人。

追到一片树林处,眼见着嫌疑人即将无路可走,凌万来那个高兴啊。但是没有想到的是,嫌疑人竟头也不回,摩托车油门一加,猛地扎入了树林中。

"好小子,你们几个赶快把这个林子的几个出口封住,我进去继续追!"说毕,凌万来带着两个保安杀入林中。可惜从晚上 11 点搜到次日凌晨 2 点,搜了三个小时,把林子的每个角落查了个底朝天,还是没有发现嫌疑人。

原来嫌疑人对此地非常熟悉,此乃他们特意挑选的一条逃生之路。一进林子他们就直奔逃生出口疾驰而去。

眼看煮熟的鸭子飞走了,凌万来那个沮丧啊。

但是他并不死心,继续看录像,看嫌疑人来的路线,模拟他们来的路线去现场走一遍,但嫌疑人过于狡猾,终究没有发现踪迹。凌万来还用一个星期把可疑的落脚点全部走访一遍,走访收垃圾的、养鸡的、打工的、物业保安、加油站人员、当地居民,但依然没有发现。

继续布控,凌万来相信"老鼠必会再次出动"!

等啊等,隔了一个月嫌疑人终于在监控中再次出现。这次吸取上次的教训,没有惊动嫌疑人。最终在嫌疑人盗窃电瓶车时,当场将其抓获。

2015 年,凌万来带领保安队员先后成功抓获 17 名扒窃、盗窃及猥亵对象,仅刑事拘留就有 11 人。上海电视台、松江电视台先后进行了报道,上海市副市长翁铁慧及市局、分局主要领导分别作出了批示并给予了高度评价。

防范工作也是他的重要工作内容之一。

大学生遭遇电信诈骗已不是什么新鲜事,有的被骗光了学费,还有的被骗得连吃饭都成了问题。与社会上的电信诈骗案件相比,校园电信诈骗虽然涉案金额往往不是很大,但是对于学生这个群体来说,可能就是他一年的学费和生活费,对家庭和社会的和谐安定都会产生不利影响,事关重大。曾经有学生哭着赶到所里报案,自己遭遇电信诈骗后,银行卡上只剩下8.5元,连第二天的伙食费都成了问题。凌万来经常是看在眼里急在心里。在大学城派出所开展的防范电信诈骗整治中,凌万来受领学生街ATM机最集中的工商银行防诈骗守护点任务后,推陈出新,成立了一支"ATM机护卫队"来"隔离"可能会被骗的学生。

学生街上,1.5公里长的道路上只有工商银行设置了具备转账功能的ATM机,每天有无数学生在这里进出办理业务。于是,在银行门口的人行道上,凌万来放了一把堆满了防范电信诈骗宣传资料的小椅子,每天10时至22时,保安定时换班在此地蹲守,不惧寒暑、风雨无阻。"天上不会掉馅饼,无缘无故'中奖'必定有诈。"保安队员们一边拿着喇叭宣传电信诈骗防范须知,一边向过往学生发放宣传材料。

一天晚上,保安刘伟和同事在巡逻至工商银行附近教育超市例行打卡签到时,突然听到一旁的 ATM 机隔间里传来打电话的声音。这个时间段怎么还有人在外面晃荡? 刘伟警觉起来,蹑手蹑脚靠近查看情况。寂静的夜里,隔间里头焦急的对话声显得格外清晰:"都是英文啊,这么操作对吗? 汇过去后你们就会把奖金发过来?"不好,八成又是哪个新生遭遇中奖诈骗了。刘伟一个箭步冲上前去使劲拍打隔间的玻璃门,急呼:"里面的,是不是在转账? 那是骗子!"隔间里,一个正要输密码的男生惊讶之下停住了准备按"确认"键的手,紧张地问:"你们是谁?""我们是大学城派出所的保安,深更半夜还叫你出来转账,不是骗子是什么?"电话那头的男子也急了:"是不是几个穿保安衣服的,别理他们,快转账!"看见隔间里的男生还在犹豫不定,刘伟继续拍门高呼:"千万别转账!"男生最后还是把门打开了,刘伟冲进去后立刻张开双手用身体挡住了 ATM 机,向这名男生再次介绍了自己的身份后要求与对方通话。"我是松江大学城派出所的保安,你竟然知道我们,看来没少骗我们这里的学生。"对方立刻挂机了。男生此时才终于醒悟过来,眼前这两个保安帮助自己保住了一年的生活费。

无论寒暑风雨,凌万来都会带领保安队员坚持严防死守。2015年,凌万来组建的"ATM 机护卫队"成功阻止电信诈骗 60 余起,为学生挽回经济损失 40 万余元。此事先后被警民直通车松江、警民直通车上海、《新闻晨报》《松江报》、新浪网等媒体宣传报道。

作为一名"百变警察",当然也要有化解纠纷矛盾、善于与群众沟通的能力,只有这样,才能更好地服务群众。

　　去过大学城的都知道,文汇路学生街是条断头路,东与人民北路相交,西为松江18路和松莘B线终点站。大学城始建之初,两个公交车终点站全部安排在最西边的大学生创业园区内,在创业园区与文汇路相连的出口设立了一座岗亭,但这座岗亭却又偏偏矗立在仅有两条车道的文汇路中间。由于松江18路公交车长18.5米,转弯半径大,只要别的车辆停靠离岗亭近一点,公交车便很难转弯出去,由此造成的晚点时常发生。仅2015年上半年,大学城派出所接到反映公交车被堵的报警电话就超过100起,公交公司和大学城学生对此意见很大。由于文汇路近年来社会车辆爆发式增长,路边停放的私家车早已是摩肩接踵,这座岗亭在内外社会车辆的夹击之下,供公交车出入的空间被严重压缩,公交车频繁被堵在岗亭的出入口,由此引发的纠纷越来越多。岗亭拆与不拆,牵涉的单位多,由于彼此利益的因素,各方意见难统一。尤其是公交公司与物业多次交涉未果,双方的矛盾有进一步激化的苗头。为及时妥善解决这一难题,凌万来在受领任务后,先后与创业园区内的六家单位积极上门协调,化解矛盾。通过近一个月的不懈努力,2015年7月10日,方松街道终于促成长川公司、物业公司、公交公司、城管、大学园区服务办、派出所、交警支队等七家单位召开座谈会。会上,通过摆事实、明利害、动之以情、晓之以理,长川公司负责人最终同意拆除岗亭。岗亭拆除后,巨龙车不再堵了,公交车被堵的报警电话也销声匿迹了,上海公交总公司松江分公司领导还专门送来了锦旗,许多大学生在"上海松江大学城派出所"的微博中点赞并称"干得漂亮"。《松江报》也就此事进行了宣传报道。

四

"20位选手全部竞演完毕,现在有请分局党委副书记、政委王奇上台宣布'十佳警种标兵'获得者,大家掌声欢迎!"主持人说道。

评选现场进入高潮,王奇政委款款走上主席台,开始宣布"十佳警种标兵"获得者:"2015年度松江分局'十佳警种标兵'获得者,他们是——"

台下的 20 位候选人个个都神经高度紧张,深怕错过一个字,凌万来也怀着既忐忑又期待的心情听着。

……

"大学城派出所——凌万来。"

当听到王奇政委报出自己的名字时,凌万来悬着的心终于落了下来,脸上也展现出了笑容。三年多的努力终于得到了分局的认可。能够评上对于自己来说真的是一次莫大的鼓舞!

而今迈步从头越。站在 2015 年度松江分局"十佳警种标兵"这个起点上,"百变警察"凌万来在思考、在总结,更在开始新的行动。

东北爷们性格上的粗犷豪爽,加上上海女婿认真负责的做事风格,使他做起社区工作来得心应手,啃下一块块难啃的骨头。

善啃硬骨头的"新老娘舅"
——记宝山公安分局大场派出所社区民警张树军

文/董　煜

岁末,社区大礼堂,一台特殊的文艺节目正在上演。

台上的两个相声演员都穿着警服,一高一矮。他们一上台,台下的观众就开始乐,等他们一开口,场内更是笑声不断、掌声不断。他们说的相声叫《有话好好说》,取材于民警日常在社区工作中碰到的点点滴滴,很接地气,特别是那个矮个子民警张树军,说话诙谐生动,妙语连珠,让大家很快记住了他。

宝山公安分局的"文艺大篷车进社区"活动已经开展了好几年,分局民警每年都会带着自编自排的精彩节目下社区演出,将平安教育贯穿节目之中。只要下社区,张树军都会拿出创作的新段子,《总结》《年终大盘点》《有话好好说》《这就是警察》等,每年都不重样。他用幽默的语言,把公安工作的宗旨、理念、成果等向社区居民广为传播,比起大会小会的宣传,居民们都说,还是听张树军的相声好,好懂,又记得住。

张树军是宝山分局大场派出所的社区民警。他说自己有三张名片:上海女婿、东北爷们和"新老娘舅"。

"新老娘舅"善调解百家纠纷

张树军说自己这辈子跟上海有缘,跟大场有缘。他明明是个东北人,却当兵当到了上海,娶了个上海媳妇。他原来是一名海军航空兵,在大场机场服役,转业后被分在大场派出所,当上了一名社区民警。既如此,他干脆把上海当成了第二故乡,把大场当成了自己的家。

张树军管辖的警务区是大场镇南大村,这是目前上海唯一一个保留村队建制最全的村民自治组织。全村 17 个自然生产队,队长、会计、保管员样样齐全。南大村在普陀、嘉定、宝山三区交界处,随着外来人口大量涌入,本村的居民看到了商机,将自家房屋翻建、改建、违章搭建,以低租金招徕租客。所以,南大村的本地常住人口只有 3000,外来人口却有两万。人口密集,纠纷频发,消防隐患严重,而且近年来南大村又面临市政动迁,拆除违章、征地补偿、撤村撤队等,都是令人挠头的事,所以要管好这片土地,确实需要能人。

张树军刚到南大村时面对如此复杂的社情民情还真是有点发憷。辖区内街巷纵横,什么塘江巷、宗家宅、陈家白墙,光在那些巷子里转上几圈就会晕头转向。何况他一口东北口音,跟居民根本搭不上话,开口问个事,老百姓都会用怀疑的眼光看着他,只差打 110 报警了。但张树军不怕,他为自己设定的短期目标是"进得了门、说得上话",并通过不断走访、采集登记,把辖区内的常住户、外来户、高危人群、依靠力量、行业单位、三小场所等社情民意摸得一清二楚,还绘制了辖区地图,真正做到了心里有数。

辖区居民很快发现,这个小个子民警不简单哪,不管是本地、外地居民,他都说得来。本地居民觉得,他到底是上海女婿,说话贴心、暖心、没有距离感;而在外来居民的眼中,他也是新上海人,为人粗犷豪爽,办事信得过,所以村里一旦发生什么事,大家都愿意找他。

有个姓王的东北人开了家物流公司,在南大村租了几间库房,可是2008年大雪,他的十间库房被压塌了八间。他去找当时的村主任,希望村里能帮他修一下,但被村主任拒绝。王老板想想自己刚起步的公司,刚打开的局面,不舍得就此放弃,只得自己花钱把库房盖了起来。2016年南大村要拆迁了。王老板心想,这几间库房都是我自己盖的,应该拿得到补偿款。去拆迁办一问,却说他的库房属于村里的产权,拆迁补偿款给村里了。王老板又找到现任村主任,村主任公事公办,说因为王老板盖库房的时候没有办批文,属于违章建筑,而且又拿不出当时被雪压塌库房时造成经济损失的证据,所以补偿款不能给他。这下把王老板惹毛了,跑来找张树军要说法。张树军知道王老板脾气不好,三句话不对就要拍桌子,再说这件事上他明显吃了哑巴亏,要是不出面调解,肯定会闹出事来。可是,上面又规定民警不得直接参与动迁有关事项,怎么办?张树军把双方拢到一起坐下来协商,让他们自己去谈,自己一句话不说,但他坐在那里,大家心里都踏实。村委会想,张树军是我们的社区民警,肯定要为我们着想;王老板也想,张树军是我们东北老乡,不会看着我吃亏。这么谈了两次,看似无解的难题,居然给解决了。王老板放弃一部分利益,村里也尊重历史事实,拿出了一笔钱。双方皆大欢喜。4月16日,王老板公司搬迁,他依依不舍地说:"临走前想在自己公司面前合个影,跟张树军合个影。感谢这片土地,让我从这里起飞,也感谢张树军这些年对我的关心。"

张树军有个外号叫"新老娘舅"。"老娘舅"是上海人对能够拍得了板服得了人的长辈尊称,叫张树军"新老娘舅",是因为张树军年纪不大,怕把他叫老了。

南大村有个远近闻名的酒鬼,一喝酒就发酒疯。有时,他跑到大马路上往中间一站,任凭汽车喇叭响个没完,他却岿然不动,直到交警赶来制止。有时,他会跑到超市纠缠,把货架上的东西扔在地上,或是干扰收银员工作。他坐出租从不给钱,有时喝得不省人事就在地上一躺,遭人围观,所以,几乎天天都有人打110报警。因为他住在南大村,所以每次都会转到张树军这里来。对这样一颗"老鼠屎",很多人都避之不及,他住在哪里都住不长,在一个地方没过几个月,房东就会赶他走。说来也怪,他好像挺喜欢南大村,十几个生产队都住遍了,可他就是不愿搬走。

既然是辖区的居民,就得管。张树军对他进行了一番深度调查,知道他姓姜。以前有老婆孩子,也有工作,但是后来老婆离他而去,工作也丢了,所以只能靠捡垃圾为生,整天借酒浇愁。张树军说自己空闲时也喜欢喝两盅,东北人嘛,但喝酒并不一定就会坏事,关键在人。那个小姜原来小日子过得不错,现在混成这样肯定有原因。他把小姜找来谈心,一次两次,说完了心里的苦衷,小姜的心结也被张树军解开了。他答应张树军一定控制饮酒,不再生事。后来，张树军见他生活无着，又在南大村给他找了个工作。他请那个老板严加管束，规定员工必须在食堂吃饭，住员工宿舍，不准在宿舍和厂区饮酒。有了工作，生活安定了，小姜慢慢变了一个人，见到张树军就张哥长张哥短的，很长时间没人因他而打110报警了。

有一对连襟在一起喝酒，喝着喝着打起来了。大姐夫伤势严重，当场被120送进了医院。妹夫当时觉得没事，躺下休息，谁知一睡下去就再也没有起来。这下热闹了，先是姐妹间争吵，后来一致对外，找房东要补偿，而且一开口就是几十万。房东一听火冒三丈，你们这也太不讲理了，人是你们打架打死的，又不是我房子塌了压死的，跟我有半毛钱关系吗？凭什么要我出钱。可姐妹俩不管不顾，天天在门口烧纸，烧花圈，严重干扰了周边邻居的生活。张树军红脸白脸一起唱，先对房东说："我知道死者的死亡跟你无关。但出于同情与关怀，给他们一点人道主义补偿吧。譬如，免几个月房租或者水电煤的费用？不然天天在你家门口烧纸、哭丧，你的日子也不好过。"对姐妹俩则说："上海是个讲法制的地方，你们无理取闹是没有用的。我可以跟房东商量，请他给你们减免部分房租和水电费，你们要觉得还不行，自己打官司去吧，不过这样，有可能你们一分钱都得不到。"两面这么一说，嘿，双方居然偃旗息鼓了，一场眼看就要激化的矛盾化为无形。

张树军在南大村做了八年社区民警，请他回忆一下究竟化解过多少矛盾,处理过多少纠纷,他一个劲地摆手说:"老鼻子了,哪数得清啊!"

"东北爷们"治顽疾雷厉风行

2014年3月5日凌晨,大场镇钱龙桥菜场一家杂货店发生火灾,消防部门到场后发现了三具尸体,是一对年轻夫妇和他们八个月大的儿子。邻居称,大火发生时丈夫本已逃出火场,但见妻儿受困又返回起火阁楼,结果三人全部罹难。

那天是张树军的生日,所以他记得特别清楚。

南大村有著名的"南大三桥":侯江桥、钱龙桥和李水桥。这里环境之差,交通之混乱,矛盾纠纷之多,都挂得上号,是大场派出所辖区内最复杂的地区。火灾发生后,所领导下决心要好好治理这个地块,便把张树军调了过去。张树军嘴上说:"领导啊,你这是把我往火坑里推呀。"但心里却铆上了劲,很快进入角色。

钱龙桥菜场原有大大小小几百家摊位,火灾发生后菜场拆除,里面的摊主便占据了附近的道路、村路。占路摊位蜿蜒几百米,一时间成了"一道亮丽的风景线",车到此处便无法前行,被老百姓戏称为"南大村步行街"。恶劣的环境催生了恶劣的行为,于是,交通拥堵、噪声吵闹、欺行霸市、打斗偷盗等乱象丛生。张树军意识到,要进行治理,完全靠一个民警的单打独斗是不行的,必须很好地依靠群体的力量。他在本地和外地人中分别物色了几名在当地享有一定威望和知名度的人,成立"平安志愿小分队",让本地人管理本地人,外地人管理外地人,分别负责车辆的有序进出、道路的排堵保畅、摊位的合理安排、矛盾纠纷的化解、治安防范宣传等。这个"以内管内、以外治外"的方法收效明显,不久,方方面面就都理顺了。

张树军有个本事,见人一面就记住了,第二次碰头,马上老张老李的叫得出名字,更厉害的是,有时连这人是什么公司什么职业都说得上来。遇到纠纷,他上前一拍肩膀,老张老李的一叫,马上拉近了距离,有的人本来火冒三丈寸步不让,被张树军这么一拍,火气顿消,有时甚至拉起家常来,把自己的初衷都忘了。

别人都羡慕张树军记性好,其实,他不是记性好,主要是他做事特别上心。

那年,普陀区某单位被盗。根据监控跟踪,犯罪嫌疑人骑着的电瓶车应该是驶向大场镇南大村方向的,但范围太大,查了半天没有眉目。普陀分局副局长丁一原是大场派出所所长,对张树军很了解,便请他帮着查案。一看视频,张树军马上发现了一个重要细节,那个嫌疑人骑的电瓶车的车灯跟别人不一样,别人的车灯都是在两边的,而那人的两个车灯都安在中间。记住了这个特征,张树军又接着调看南大村的监控。他对南大村地形熟悉,嫌疑人要是想进来,只有三条路,祁连山路、古浪路和南大路,只要根据嫌疑人作案时间,仔细查看三个路口的监控,嫌疑人一定跑不了。果然,张树军很快发现,嫌疑人从古浪路进来后去了侯江桥。侯江桥外来人口有好几百户,但张树军很快确认那嫌疑人就是侯江桥的租户。他派协管员前去打探,得知嫌疑人正在呼呼大睡,马上向普陀分局报告。嫌疑人尚在梦中,赃物还没出手,便被当场抓获。张树军立了一大功,为此,还得到普陀分局的奖励。

最能体现张树军本事的是那次搬迁动员。

祁连山路有一家实业公司,占地12000平方米。公司内有旅馆、网吧、超市、物流公司、饭店、修理厂、服装店、电动车行、大小杂货店等租赁商户30余家,公寓房租赁业主135家。这里不仅卫生环境堪忧,而且火灾隐患和生产安全隐患随处可见,被列为上海市11家消防隐患整治重点区域之一。市里下了死命令,限15天之内务必将所有人员撤走,彻底消除该地区的消防隐患。15天!这似乎是个不可能完成的任务。

张树军又被推到了第一线。

张树军深知此项工作的难度。他摸了个底,所有的租户各有各的理,但众口一词,就是不愿搬。公司觉得,什么条件都没谈就叫所有人搬走,企业损失的租金收入谁来补偿?业主们情况各异,有的交了租金,但合同没到期,自然有理由不搬;有的在附近上班或孩子在附近上学,当然也不愿搬。还有一部分业主虽然合同到期了,但以另找地方需要时间为由,拖延着不想搬。

根据不同的情况,张树军有针对性地开展工作。他先找到公司领导劝说:"南大村要市政动迁,大势所趋,早晚要搬,晚搬不如早搬。至于经济损失,可以找动迁办谈。"对那些开店办厂的,他说:"作为上海市消防隐患整治重点,如不履行整改会被处罚,到时歇业罚款反而得不偿失。"对业主则区别对待:合同没到期的请公司退还租金;合同到期的也请公司给予适当搬家费,鼓励他们尽早搬离。

有几家住户的孩子在附近上学,不想搬得太远,可一时半会又不知去哪儿找房子。张树军一拍脑袋,把各村的协管员找来,说:"你们都给我下去转转,看见哪里有招租的,把电话给我记下来。"然后他一一打电话去:"张阿姨啊,听说你有房子出租,什么价钱? 便宜点,我一个朋友要租房子,我让他直接找你去哦。"就这样,十几家

租户都找到了住房,连价钱都因为是张树军的"朋友",给大大地优惠了。到最后几天,原来准备"长期抗战"的几家"钉子户"见周围的人都搬得差不多了,环境实在不适合居住,无心"恋战",也就主动撤了。13天!张树军居然只用了13天就把这么大一个摊子撤空了!让人简直不可思议。当然,这13天中张树军几乎没怎么休息。

几年来,张树军的辖区进行过多次调整,每去一个新地方,都是因为那里社情复杂遇到了难题。张树军知道是领导对他的信任,所以,他也从未辜负这样的信任,不管换到哪里,他的辖区内从未发生过重大刑事案件、重大火灾事故、重大安全责任事故;未发生信访、上访、闹访事件,未发生电信诈骗案件和被新闻媒体曝光事件,连一般的小偷小摸都呈逐年下降之势。张树军也因此获得了诸多荣誉,被评为分局优秀共产党员,多次获得个人嘉奖。2015年,经全市居民的参与投票,他还被评为上海公安"十佳优秀社区民警"。

请他谈谈工作经验,他却用一则顺口溜应答:

两个实有全覆盖,新老同志传帮带;

场所管理层层查,面上管控成条块;

群体事件预案好,突发事件处置快;

社区警务在推广,图像监控不慢怠……

张树军对自己"东北爷们"的身份很自豪。他说,东北爷们不畏难,再大的事也吓不倒。或许,正因为这种"笑对天下难题"的工作态度,他才能把社区工作干得这么好,这么风生水起,如火如荼。

"没得事"是他的口头禅,苏北话里就是"没有问题"的意思,因此他被群众称之为——

"没得事"警官倪宝贵

文/董　煜

倪宝贵在本子上写下了两个字——"好累"！

这是杭州 G20 峰会的最后一天，倪宝贵值班。所领导体恤这位年逾五十的警营"老兵"，想换个年轻的，但被倪宝贵一口拒绝了。24 小时，除了偶尔坐下来喝口水，他一直在自己的辖区里巡视，背着沉重的"六件套"走街串巷，守护着脚下的一方土地，守护着居住在这块土地上的 7000 多名居民。那天，他一共走了 41044 步。

抓消防，防患于未然

倪宝贵是青浦公安分局朱家角派出所的社区民警，人称"没得事"警官。他分管的东湖街警务室，下辖东湖街和大新街两个居委会。倪宝贵总说自己跟朱家角有缘，他从军 20 多年，从石家庄军械工程学院毕业后被派往上海，就在朱家角工作。之后他转业从警，辗转近十年，2013 年又重回朱家角。从当年的教导员到现在的社区民警，十几年的光阴都给了朱家角，但倪宝贵还是觉得没待够。

朱家角是个古镇，早在宋元年间，朱家角地区已形成集市，后因水运方便，商业日盛，逐渐形成集镇，至明万历年间遂成繁荣大镇。这是个古风与时尚并存的地方，白日里街面上人声鼎沸比肩接踵，到了夜晚华灯初上，酒吧茶室开始营业，则夜夜笙歌不眠不休。倪宝贵的一些老战友来看他，都会流露出羡慕的神情，觉得倪宝贵能待在这么个繁华的地方，挺有福。只有倪宝贵知道，要确保古镇安全,可不是件容易事。

老街房屋老旧,小店铺多,旅游发展起来后,很多人看到了商机,把旧屋改造一下,办起了民宿。一办民宿,住的人多了,用电就容易超负荷。吃饭的人多了,没有管道煤气,只能用液化气罐。倪宝贵做工作善于抓牛鼻子,他把辖区内的几十条街巷转了几圈,便心里有数了,知道工作千头万绪,古镇的消防安全,还是第一位的。

倪宝贵是江苏兴化人,一口苏北口音,几十年改不掉,初次上门家访,成了很大的障碍。走十家,吃闭门羹的十之八九,难得一两家开了门,还怀疑他是骗子,"朱家角派出所从来没见到过外地民警。""连民警都敢假冒,你胆子也太大了!"倪宝贵没有泄气,"没得事,没得事,多去几次就好了。"再上门,他就注意了方法,请居委会干部陪着,居委会开会,他也每会必到,脸熟了,事情就好办了,起码,门进得去了。

但是,问题还是没有解决。

倪宝贵上门进行消防安全检查,查出不少问题。这家的电线接得不规范,那家店铺内没有配备灭火器,请他们整改,一开始都很抵触,觉得在镇上住了几十年,从来没出过事,你倪警官一来就这样那样的,要求是不是太高了。以后,见倪宝贵天天说,居民也有点不好意思,就先答应着:"好好好,倪警官,我们马上改。"可是过几天再去看,一切都是老样子,该换的插座还是没换,该买的灭火器还是没买。如果是企业,不整改,可以下张整改通知书,定个整改期限,但这里都是民居,对这些防范意识薄弱的居民,除了不厌其烦地做工作,倪宝贵一时还没想出更好的办法。

正在这时,香格里拉的大火帮了倪宝贵一个忙。

2014年1月11日凌晨,因客栈管理者用火不慎,云南迪庆香格里拉县的独克宗古城发生火灾。政府出动了3000多人参与救援,烧了十几个小时的大火才被扑灭。一场大火,不光烧毁了100多栋房屋,造成经济损失上亿元,这个位于茶马古道的千年重镇,也就此毁于一旦,令人扼腕。

朱家角也是古镇,环境跟香格里拉十分相似,都是木结构房,都是狭窄得连消防车都开不进的小巷,一旦起火,后果不堪设想。再上门,倪宝贵就用香格里拉的例子警示大家,敦促大家抓紧整改,消除安全隐患。对不配合的商户,他的话会重一点:"万一酿成火灾,你是要被判刑的,孰重孰轻,你自己好好掂量掂量。"对拒不整改的人家,他还会根据法律条文进行处罚。

大会讲,小会说,上门必宣传,就是在街上遇到了,倪宝贵也会问一声:"你家那个电线排好没有?明天我请电工去看一看。"水滴石穿,慢慢的,倪宝贵的宣传起作用了,大家开始意识到消防安全的重要,不管是开商铺的还是居民住宅,都自觉地购买了消防器材,学会了使用。在倪宝贵任社区民警的这些年,这片火灾危险指数很高的老旧居民区,居然没有发生一起火灾。别人让他传授经验,他却否认自己有什么诀窍,他说:"消防安全多下及时雨,消防教育少放马后炮，就一定可以防患于未然。"

2014年，倪宝贵被上海市公安局评为"多警联勤消防工作先进个人"。

办实事，感化众乡邻

说起自己的家世，倪宝贵坦言上八代都是农民。在倪宝贵的印象中，家里穷得丁当响，大麦掺上点米，就是他们的一日三餐。虽然勉强可以不饿肚子，但生活一直非常拮据。父亲兄弟四人，其他的三个都读过几年书，有的参加了工作，有的当上了教师，最不济的，也做了个大队会计。只有父亲，因为少时贪玩，不肯好好念书，所以很早就辍学了，一辈子只能"面朝黄土背朝天"。这个教训深深地烙在父亲的心里，所以他发誓，再穷，也要供孩子们上学。

倪宝贵是三兄弟中书念得最好的，高一那年，父亲得了癌症，临终前叮嘱妻子，再难也要让宝贵读下去。看着母亲省吃俭用四处借钱供自己上学，宝贵心里一直过意不去，所以高中一毕业他就去当了兵，一是为了理想，二来也是想帮家里减轻负担。以后，不管在部队还是在地方，这个农民的儿子都始终记着父亲的叮嘱，"要吃得了苦，受得了气，遇事，多为他人着想。"

在朱家角，倪宝贵还真的受过别人的气。

给他气受的老人姓袁，出了名的暴脾气，特别是他对警察有成

66

见,倪宝贵之前的几任社区民警,没有一个进得了他的门。那天倪宝贵向居委会干部了解民情,就有人逗他:"倪警官啊,你只要能跟他说上话,能坐在一起,我们就服你,请你吃大餐。"

"没得事,我去试试。"

"没得事"是倪宝贵的口头禅,苏北话里就是"没问题"的意思。在他心目中,只要努力去做,没有什么困难是克服不了的。

倪宝贵去敲门,耐心地自我介绍,说自己是新来的社区民警,想找对方谈谈,没想到门没开,还遭了一顿骂。老袁口口声声地说,警察没一个好东西,让倪宝贵走远点。

再次上门,倪宝贵换了个方法,他站在门外给老袁打电话,一直打了十几分钟,老袁才不情不愿地开了门。"有什么公干啊大警察,有事你站在门口说,我家地方小,容不下。"老袁说话很冲,很不友好。

回到所里,倪宝贵认真查看了老袁的材料。

老袁是个孤儿,因为缺少关爱和管教,从小是个捣蛋坏子,进过少教所,在案件资料转送过程中,他的年龄被经办人少写了两岁。老袁没结过婚,也一直没个正经工作,就指望着早日拿退休工资,可以不为生计发愁。可是,因为当年派出所写错一个数字,就让自己晚拿两年退休工资,这让老袁怎么都想不通。十几年来,他一直四处奔走反映,但一直没有得到落实,这让他对警察更加的不信任。

知道了原委,再上门,就有了聊天的话题。那天倪宝贵不光进了门,还破天荒地喝到了老袁端上来的一杯茶。

但是,倪宝贵心知肚明,能说上话只是一个开始,关键还是要解决问题。于是,倪宝贵又一次承诺:"没得事,我去帮你办。"

以前的档案都是手工抄写的,查阅起来非常困难,倪宝贵便利用休息时间去资料室调阅资料,一点点地查,终于查到了老袁那份在 20 世纪 70 年代末登记的材料,证实了老袁的说法。以后,倪宝贵又帮老袁整理材料上报分局,对老袁的出生年月进行了更正。这事让老袁彻底改变了对警察的看法,他激动地拉着倪宝贵的手说:"你是个真正为老百姓做事的好警察!我服你!"

倪宝贵的辖区内老年人多,比起那些"上班族",老人的事就相对多一些。刚来时大家对倪宝贵不了解,他上门登记人口信息,那些老人都很警惕,"我的信息为什么要告诉你?我家孩子说了,个人信息要保密的,不能随便告诉他人。"以后对他信任了,大家什么信息都愿意说,采集信息就方便了。不过,信任了也有信任的麻烦,随便遇到点什么事,都会想起倪警官,"倪警官好,他肯帮忙的。"于是,门前的树长高了挡住了太阳,找倪警官;有人养鸽子鸽粪影响环境了,找倪警官;邻居养狗晚上吠叫影响睡觉,找倪警官;就连小狗小猫走丢了,都来找倪警官。其实很多事根本不是社区民警的职责,但倪宝贵还是"没得事没得事"地答应着,能办则办,不能办的帮助协调,所以小镇方圆几千户人家,只要说起"没得事"警官,老百姓都会跷大拇指。

中秋佳节期间,古镇游客倍增。倪宝贵正值班,就见一个老人颤颤巍巍地找到他跟前说:"我找不到家了。"老人有 70 多岁了,迷了路,一直在镇上转,是别人指点他来找"没得事"警官的。老人耳背,问什么都说不清楚,倪宝贵只能把他带回所里,花了很多时间寻找。最后还是通过发协查,才发现老人住在十公里外的镇子,找到他的家人。

倪宝贵认为,一个社区民警要是群众基础不好,居民有事不向你反映,你就成了一个瞎子。不了解辖区的情况,又谈什么管理辖区呢? 所以除了民警接待日,倪宝贵每天都习惯下去转几圈,有些居民要是一天没见到倪警官,第二天还会特地搬个小板凳坐在路口,等着跟他打声招呼呢。

解纠纷, 保一方平安

舌头跟牙齿还要打架呢,倪宝贵辖区内几千户人家,难免会发生点纠纷。只要倪宝贵知道了,他都会想方设法地帮着解开这个结。他说家和才能万事兴,要是邻里、家庭成员间心里有了疙瘩,这日子就过得不舒坦了。

陈大妈今年 70 多岁了,孩子都不在身边,在古镇居住了很多年,跟邻居一直相安无事。一天,她正坐在屋里看电视,忽听屋后的小天井有响动。家中无人,小天井与外界并不相通,这声音是哪来的？于是探身去看，一看吓了一跳，一个大男人正在她的天井里晾衣服。

"你是谁？你怎么进来的？"老人十分惊恐。

那男人似乎也受了惊："我，我晾衣服啊。这天井，是你家的？"

原来，古镇的房子比肩相连，陈大妈的天井跟邻居家共用一堵墙。以前邻居家向着天井的墙上没有窗，随着朱家角旅游的繁盛，邻居家也开了个家庭旅店，为了通风采光，便在墙上开了扇窗。住在店里的旅客，只要推开窗就是大妈家的天井，这窗户，便成了一个观景台，大妈家的生活起居、人来客往，就都成了风景，没有任何遮蔽。以前大妈尽管觉得不方便、不安全，但碍于多年邻居的情面，也不好说什么，谁知，现在居然有旅客越窗而入！白天被发现那是万幸，要是晚上有人想顺手牵羊拿走点什么，岂不是囊中取物？家中只有两个老人，他们该如何保护自己的家，保护自己的生命安全呢？想到这里，陈大妈就觉得后怕，于是，赶紧向倪宝贵求助。

倪宝贵很重视，看了现场，又征求了两家的意见。陈大妈觉得，这扇窗是个隐患，最好能够封了。但店主认为，在自己家的墙上开窗，谁都管不着。两家是多年的邻居，都不愿意撕破脸皮坐下当面谈，这样，要解决问题，只有靠倪宝贵了。

倪宝贵想，小旅店已经开了，叫他们把窗堵上也不现实，最好的办法就是在窗上安个防盗窗，通往陈大妈家的窗户多了一道屏障，陈大妈也可以安心。起先，旅店主人还有些不情不愿，但倪宝贵多次上门,对他晓之以理,动之以情,直说到店主允诺在最短的时间内安好防盗窗为止。

陈大妈家的事刚解决,许老头又找上门来了。

许老头是个保安,平时工作勤勤恳恳,是个顾家的好男人。一天,他一脸愁苦地找到倪宝贵说:"倪警官,我实在是走投无路了,只能来找你,你救救我儿子吧。"

许老头就一个儿子,从小到大一直好吃好穿地养着,命根子似的,没听说生了什么重病呀,为什么要让警察来救他呢?倪宝贵有点纳闷。了解下来才知道,许老头的儿子今年已经24岁了,可是一直在家闲着,不愿上班。要光是啃啃老倒也算了,谁知结交上一帮所谓的"朋友",隔三岔五赌上一把,至今已欠下了100多万元的赌债。刚开始许老头还帮儿子还还,但前账未清,后债又生,许老头囊中空空,再也没能力还了。那帮债主却不肯罢休,天天催讨,弄得许老头一家担惊受怕,日日惊心,这让许老头非常绝望,想来想去,只有来找倪警官了。

倪宝贵知道,青浦地区发生过类似的情况,这是一个专门诱惑年轻人赌博的团伙。他们分工明确,有前期寻找对象的,有拉拢引诱的,有设赌下套的,最后,让受害者写下巨额借条,向父母逼债。大多数父母为了孩子的安全,不敢惹恼这帮人,都选择花钱消灾。要不是许老头实在无力偿还债务,这事大概他就烂在肚子里了。

许老头的儿子被父亲逼着来见警察,一肚子的不乐意,很抵触,见到倪宝贵也冷冰冰的，不爱搭理。倪宝贵也不计较，他问小伙子：
"你是不是无意中认识了一个朋友，有段时间天天被他拉去喝酒、洗澡、唱KTV？"

"是啊！你怎么知道？"小许有点好奇。

"然后他介绍你认识了一群朋友，自己却消失了？"

"是啊！你怎么知道？"小许更奇怪了。

"然后那帮朋友拉你去赌博，起先你偶然还会赢一把，到后来，就一直输，越输越多。他们就不断地借给你钱，让你写借条。"

"是啊，我说没有钱，他们就逼着我回家要。"小伙子说话的声音越来越轻。

"傻小子，这是他们设的'杀猪局'啊。你进了局，就成了一头挨宰的猪了，你知道吗？你爸不舍得吃不舍得穿辛辛苦苦赚来的钱，都到他们口袋里去了。"倪宝贵痛心地说。

小许被说得低下了头。

"你能不能答应我远离那帮人？"倪宝贵又问。

"但是，欠的钱怎么办呢？"小许嗫嚅着。

"你告诉他们你有个做警察的亲戚，让他们打电话找我。"

倪宝贵知道，这些人是地下的鬼魅，见不得阳光的，真让他们找警察要钱，估计还没这个胆子。

果然相安无事，那些人再也没有出现。得了这次教训，小许不敢在社会上瞎晃悠，也准备找个工作，好好孝敬父亲了。

皆大欢喜。

像这样的故事，比比皆是。

倪宝贵信奉平安是福。小镇外来人口多，流动人口多。这家饰品店刚开没几个月，又成了卖字画的，租房买房，换手频繁，而且，大批中外游客的光顾，也遭到"梁上君子"的觊觎，虽然大案没有，但小偷小盗的案子还是频发。

倪宝贵深知，"双手难敌四拳"，自己再辛苦，要维护小镇平安，还是要靠大家的力量。过去社区的力量不少，治安巡逻员、协管员、物业保安、护楼队员，好几支队伍，但力量分散，浪费了治安资源。警务改革后，倪宝贵兼任居委会党支部副书记，及时与相关部门协调，将社区保安员、外来人口协管员和信息员等队伍进行整合，形成

社区治安的统一管理格局,有效地提高了巡控效能。

随着互联网的快速发展,新的诈骗手段层出不穷,倪宝贵便给自己追加了一个任务,时刻掌握社会上的治安动态,针对古镇的发案特点,寻找防范漏洞,提出防范对策。过一段时间,倪宝贵都会根据诈骗嫌疑人的新招数撰写一些新的"警方提示""警情提示",用宣传单和宣传板进行宣传,有些居民弄不明白,他还亲自上门演示防范技能,直到防范意识深入人心。

此外,他还先后建立了"治保主任定期例会制度""定期走访企事业单位制度""定期通报治安情况制度"等,使日常的治安防范工作由点到面到全覆盖。由于工作到位,倪宝贵就任社区民警以来,他管辖的两个居委会,没有发生过一起恶性案件,没有发生过一起群体性事件,没有发生过任何有社会影响的事件。他管辖的东湖居委会的乐湖新村和大新街居委会的淀湖新村,都是上海市平安文明小区。

倪宝贵常常喜欢站在平安桥上看着眼前繁荣和谐的街景。平安桥位于大新街口,建于明代,桥身和桥基是花岗石,扶手则是青砖和原木,朴素而敦厚。倪宝贵知道,社区民警的工作就像这不起眼的平安桥,不需要花哨的修饰,只有把工作做得细致、做到极致,打下坚实的基础,才能像这太平桥一样,百年不倒,千年不朽;才能使古镇朱家角,百姓和谐,一方平安。

全面深化社区警务改革，真正要落到实处，就必须一沉到底，从社会基本面上的细微之处入手，把一道道缝隙填满，将一桩桩小事夯实。林杰就是这样一个"夯实者"

社区警事的夯实者
——记虹口公安分局广中路派出所社区民警林杰

借助新型媒介，做群防群治的一线宣传者

"什么是电信诈骗？"

随着投影仪上闪出一行彩色大字，场内顿时安静了下来。

没错，"电信诈骗"这四个字绝对是近年来的热词，几乎无人不知，无人不晓，它的危害殃及整个社会。但是真要让你说出它的准确含义，一时间倒也不免让人语塞。

冷场片刻，听众中脑子快的爷叔阿姨们已经回过神来，纷纷举手。

"就是打电话诈骗。"

"骗子都用手机的，不单单电话。"

"电话也属于电信……"

林杰胖胖的脸颊上衔着一丝微笑。他要的就是这个氛围。

满场七嘴八舌，气氛煞是闹猛。如同一锅冷油，转眼之间已经噼啪升烟。林杰感觉场子的热度够了，抬手示意，一锤定音："大家说得都对。所谓电信诈骗，主要是指不法分子通过手机、固定电话、网络等现代通信方式发布、传播虚假信息，设下圈套，实施诈骗的违法犯罪行为。"

"电信诈骗的鼻祖，最早可以追溯到16世纪后期的'西班牙囚徒骗局'，这是一种古老的长线骗局。其典型手法，就是骗子先物色一个富有的目标，然后编造一个被囚禁的西班牙有钱人需要交保获释的故事。骗子以高额回报为诱饵，怂恿目标人物出钱投资，继而

以各种理由要求追加投资，直至目标人物破产或者醒悟，骗子才罢手消失……"

趁着林杰正引经据典追溯电信诈骗历史渊源的当口，且让我们先说说这位正在讲台上侃侃而谈的社区民警。

林杰40岁出头，给人的第一印象是胖，膀大腰圆，颐丰腮满，毛估估体重不下200斤。两年前我第一次采访林杰的时候，他告诉我，不是现在才胖，而是从小就胖。当时他正一天两顿麦片，清汤寡水，努力减肥。然而两年后再见，他的努力显然没有成功，眼前依然是一尊超标阿福哥。

林杰的胖，不是松软、暄腾的那种，而是相当紧实、壮硕，更接近上海人口语中的"大模子"。从警20多年，他的那一身皮肉，已褪净当年青涩，变得颇为遒劲，一眼望去感觉特别能负重。

"……20世纪80年代以后，电信诈骗卷土重来，借用的手法源自臭名昭著的'尼日利亚骗局'：谎称某富翁因政局不稳要将一笔巨款转移出境，提供帮助者将获得优厚馈赠。一旦有人上钩，骗子即以各种理由索要费用，等到骗得盆满钵满，骗子随即人间蒸发……"

此刻，林杰正在进行他今年以来对社区群众的第N次宣讲，辅以他自制的PPT，生动直观，效果超级棒。这是他积极响应市公安局号召，努力学习和应用新型媒介和新型介质的结果。随着宣讲手段的提升和传播效应的放大，他的受众或粉丝，已从本辖区居民和中小学生，扩展到了全街道的居委代表，他本人也从社区小课堂，站上了名闻遐迩的"尚警讲坛"。可见他的能言和善言,已经成为广中路派出所的一个品牌,与社区警务改革所要达到的"防范为主,基础为先"的目标相契合。

利用社区资源,进行源头治理

大块头的动作通常慢半拍。林杰也承认,他的性格比较不急,比较不愠不躁,不属于风风火火的那种。他喜欢慢慢听,认真听;喜欢一面听一面想,层层剥茧,由表及里。直到把事情一条条理清爽了,想稳当了,然后该做啥做啥。不做则已,要做就做到煞根。

这一慢,就慢了20多年,直到我二次采访他的时候,他还固守在社区民警的岗位上,始终"咬定青山不放松"。

林杰眼下管的地块,叫商业一村,建于20世纪五六十年代,典型的老旧小区,原来多为三四层高的矮楼,房屋基础设施比较差,经过加层改建,如今升到了五六层。和上海所有的老旧小区一样,商业一村的人口密度也是相当高,加层改建后吸纳的人口更多,区区弹丸之地,云集了1428户居民、3000多人,其中还包括400多外来人口。这种地方,用当年建造时的语态形容,就是所谓的"劳动人民聚集区"。久而久之,形成了居室狭窄、成员庞杂、结构错综、刑满释放人员多的社区格局。

2015年夏天,多名居民跑到居委会告状,说他们停放在小区的私家车遭人暗算，被硬物划破了相。车主们言之凿凿地推测，小区停车位紧张，邻里之间互相算计排斥，明的不成，就来暗的，痛下黑手；物业明知大家不睦，却未作任何防范，没有尽到管理责任，要对此事负责。乍听之下，受害业主的分析不无道理，貌似可以成立。但林杰并不轻易认同，而是指导物业调整监控探头的摄录方向，布置保安在重点部位进行巡逻。没过几天，划车的"元凶"再度露面，被监控录像逮了个正着。让所有人大跌眼镜的是，"作案人"并非心怀叵测的成年人，而是几个熊孩子。

一般情况下，事情进展到这一步，只要对涉事的未成年人进行教育训诫，同时联系他们的家长，向受害车主作出道歉赔偿也就完事了。但遇事喜欢多问一个为什么的林杰没有就此收手。

经过了解，这些孩子都是外来人员子女，暑假期间他们的父母仍忙着打工做生意，无暇顾及这帮小玩闹。由于种种限制，无本地户籍的这些孩子参加各种夏令营和补习班的概率十分低，除了自家门前的一亩三分地，多余的精力和时间无处释放，稚嫩的心灵空档远远得不到满足，整天无所事事，三五结群，打闹嬉戏。出于一种毫无来由的恶作剧心理，竟把嬉戏的目标指向停放在小区里的私家轿车。

了解情况后，林杰一方面组织调解，求得车主与孩子父母间的互谅；另一方面，林杰则陷入了深思：头痛医头，脚痛医脚，固然也有一时之疗效，但管不了长远，怎样才能为这些孩子提供一个好的环境,让他们在暑假期间有事可干,过得既安全又有意义呢?经过反复琢磨,身兼社区党总支副书记、社区校外辅导员等多项职务的林杰,决定联合居委会,一起搞一个暑期主题活动。于是,一个名为"我参加,我快乐"的创意项目孕育而生。居委会开放装有空调的老年活动室,作为活动场所,邀请街道社区工作者、中学老师、退休法官、派出所民警等,为孩子们开办各类知识讲座。同时,林杰专门请出小区里有特长的退休居民,教孩子们学唱歌、学跳舞、学手工书法绘画,各种才艺兴趣小组一个接一个成立。被郑重邀请的老人们在教授中获得了极大的成就感和传承满足,教得尽心尽力,孩子们则各取所需,兴致盎然。闲暇时,孩子们还可以在活动室里看书、打乒乓、听故事,充沛的精力得到健康合理的释放。小区外来人员眼看有这么丰富多彩的活动项目,纷纷带着自己的孩子报名,择其所好,得其所需。孩子们在暑期里不但学到了技艺,开阔了眼界,同时也大大减少了犯错和发生意外事故的概率。

林杰觉得这不是一次性的简单的暑假活动,他决心集社区之力让这项活动"长久固化",从而让来沪人员的子女更快更好地融入到大上海环境中,健康快乐地成长。

善于动脑,提升社区管理工作的能力

小年夜的前一天,商业一村小区的一对老夫妇找到林杰,苦着

两张老脸,连称"没得过"。春节将临,千门万户曈曈日,非到万不得已,谁在这个时间求助警察?

对这户人家的情况,林杰心里基本有谱。老两口与儿子、儿媳同住一套三房一厅,按说条件还不错,老少三代,各有各的独立空间,但长期以来就是同门不同心,摩擦不断。居委会也曾调解过多次,但总是这波刚平,那波又起,按下葫芦浮起瓢,无止无休。这一次,又是因为一点小事,闹得四邻不安。

早晨,老太从菜场拎回一堆菜,随手放进厨房。春节将临,老人家菜买得多,占了蛮大一块地方。儿媳进厨房,一脚踏瘪矮脚青,绿莹莹的汁液沾满棉拖鞋,顿时面色难看,嘴上叽里咕噜。老太听见,不甘示弱,反唇相讥。双方你有来言,我有去语,互不相让。儿媳脾气大,嫌嘴皮子损人不解气,抓住杯子就砸,不晓得怎么弄的,反倒把自己的手划破了,血淋嗒嘀,场面吓人,结果招来双方配偶一同助战,吵得一天世界。

按照以往惯例,处理此类家庭纠纷,无非一听、二劝、三安抚,三部曲过罢,让气头上的双方平息下去,打道回府算了。清官难断家务事,无是非,无原则,大事化小、小事化了就算本事。此外,谁还能拿出什么高招?

但这一次老两口不依不饶,声称再也不给儿子、媳妇做饭了。凭啥?哼!离开时依然气咻咻。

果然,春节后小两口又来了,"控诉"老两口不给饭吃。暂时平息的矛盾烽烟再起。

其实,整个春节假期林杰也没消停过,一直在想这件事。他明白,就事论事不解决问题,老少两代的矛盾由来已久,斩草容易除根难,必须拿出一个彻底解决的方案来。否则双方三天一小吵,说不定还会弄出意外,闯下大祸。解决的方案已经有,就在他的脑子里转,但以他的慢性格,不把枝枝节节想清楚,轻易不会往外拿。春节期间,他就这样颠过来倒过去地想,唯恐有所不周。

面对再一次寻上门来的小两口,盘桓在林杰脑海中的方案瞬间定型。

在取得了居委会干部的认同和支持后,他郑重其事地召集这户人家开家庭会议,摊出他的一揽子解决方案:两家人分开,不再共居同一屋檐下,以减少摩擦,杜绝矛盾。

好好好,分开好,省得三天两头吵。方案首先得到老两口的热烈拥护。

分开好是好,不过房子就一套,怎么分?小两口虽然也赞成,但疑虑重重。这两口子一个没有固定工作,另一个虽有工作但收入不高,养个儿子又在培养当游泳健将,训练费用不低,长期以来一直靠"啃老"过日子,伙食费分文不交,天天还被老人好饭好菜伺候着,却嫌老人左也不是,右也不对。唉,怎么说他们好呢?

林杰早有预案。与其扬汤止沸,不如釜底抽薪。他建议,对现有三房一厅进行市场估价,然后产权分割,儿子儿媳有权得到其中三分之一；他们可以用这三分之一房款买房或者租房，悉听尊便，总之，搬离原住处，跟老人脱离接触。

老两口闻言，举双手赞成。小两口虽然不太情愿，但没有理由开口反对，勉强同意。

双方签字画押，立据为凭。林杰和居委干部当场见证。

林杰请来专业房产人员进行估价，得出这套房子的市场价大约190万元。老两口不想另择新居，打算动用储蓄，买下儿子的产权，继续留居原处。按理儿子儿媳可得费用在63万元左右，但靠这点钱想在上海买房，几乎不可能。林杰动员老人，看在自家骨血的份上，再多拿点。老人慷慨允诺，答应拿出80万，只求让两个孽种快快搬走。

闻听此言，林杰不禁黯然。本想请老人为亲骨肉加分，不料老人的慷慨，却只为快刀断情，早脱苦海。骨肉亲情被伤到这般田地，剩下的，只见骨头不见肉，让林杰这个旁观者也眉头紧蹙。

到我采访林杰的时候，这户人家的矛盾总算是有了一个了断。小两口在四川北路附近租了一套房子，虽然贵点，但离7岁儿游泳的少体校近，他们情愿花钱买方便。可怜天下父母心，小两口对孩子，也是竭尽心力啊，可为什么就容不得长辈呢？纵然老人有再多不是，忍一忍海阔天空！

我问林杰，为什么会有这样的下一代？他笑笑，摇摇头，人性的这道难题，无人能解。

不管怎么说,林杰的这一次策划,确实让这户人家摆脱了车辘辘似的骨肉相煎,了断了扬汤止沸式的得过且过,有"根除"之效。让互掐不已的老少三代先脱离接触,以距离赢得缓冲空间。林杰的解释可谓深谋远虑。不难看出,林杰做的这桩事、说的这番话,已经明显超出了社区民警的职业范围。他越界了,走得更深更远。

假如我们的社区民警,都具备林杰这种更深一层的谋断与智慧,不再浅尝辄止于生活的门槛,何愁履职能力上不了台阶?

重点掌控,扎牢社区防范的篱笆墙

在广中路派出所,林杰的勤快是出了名的,有"四百"之誉。即所谓"进百家门,认百家人,访百家情,问百家事"。有这"四百"打底,慢性子的林杰在许多事情的处理上,实际一点不慢,甚至敏捷过人。

9月末的一天,正在值班的林杰发现,本辖区一个姓夏的无业人员出现在监控探头中。但见他漫无目标地东游西荡,神情慵懒,虽然看不出什么可疑迹象,但林杰还是马上警觉起来。此人属于林杰重点关注的对象之一,刚从大狱里出来不久,回家后长兄不愿接纳,兄弟俩闹得不可开交,最后在居委会和社区民警的干预下,才在老宅的天井部位搭了间棚子住下。几天前,有邻居报案,好端端停放在家门口的电瓶车不翼而飞,怀疑夏某所为,理由是他有盗窃前科,可是拿不出证据,猜测而已。

　　探头中,夏某在一间老房子前停下脚步,左右环视,伸手推门,推不开,反复试了几把,都不行。他又绕到窗前,笃笃笃敲了几下,屋内还是没反应……

　　他想干嘛? 不能任其再继续下去。林杰当即通知其他同事,将夏某带到派出所。面对警察的询问,夏某就是不开口,对自己的行为,既不解释,也不争辩。相持了好长时间,林杰要他拿出身份证。夏某总算开口,没带。没带? 那好,回去拿。好的好的,我现在就去拿。夏某连声答应。但出乎他意料,他前脚出门,林杰后脚跟上,也随他一同去了天井棚屋。掏钥匙开门时,夏某好一顿折腾。咦,钥

匙放哪里了？哪能寻勿到了？浑身上下东摸摸西掏掏，就是不肯往外拿钥匙。林杰眼尖，一掌插入他裤兜，把钥匙掏了出来。

房门洞开，狭小的空间尽收眼底。靠墙的一把躺椅上，赫然放着数码相机、女式提包和三部手机……

夏某被重新带回派出所。

面对一堆来路不明的物件，夏某再次玩起了禁声的把戏，任你怎么询问，他就是横竖不张嘴。大墙里的日子，教会了他软顶比硬抗更有效。

说来也合该他倒霉，那部数码相机中，还存储着事主自拍的一张身份证，姓名、住址清清楚楚。电话联系，当事人确认，他的一部数码相机前几天失踪，他没有报案，也不知道是否该报案，因为他根本搞不清楚相机是什么时间、在什么地方、由于什么原因而失踪的。

一堆还没来得及转手的赃物，把夏某给"卖"了。

因为是惯犯，夏某被判处有期徒刑五年。

虽然2015年初，虹口区还未纳入社区警务改革的试点区域，但是林杰以超前的思维和对社区警务工作的热爱，先跨一步，向试点分局的同行学习取经，将他们的成功经验融会贯通有机结合到自己的社区警务管理工作中。如今，全市社区警务改革全面推开，林杰如鱼得水，他一沉到底，脚踏实地，将警务改革的新理念与社区管理工作科学紧密结合。若每一名社区民警如是，则天下安定矣！

吴晓兰一如她的双肩包，平常、自然又实用——只要老百姓需要，她可以出色地担当任何一个角色！

月牙弯弯笑社区
——静安公安分局大宁路派出所社区民警吴晓兰印象记

文／章慧敏

一

当吴晓兰背着大号的双肩包风风火火地出现在我面前时,说实话,我最先留意的是她的包,而不是人。双肩包不新,看得出日常使用的频率高。我暗忖,包里装了什么? 一位年轻姣美的警花有那么多东西需要塞进大号的包里?

我说吴晓兰漂亮并非溢美之词。1982 年出生的她正是一个女性最能释放光彩的年纪,加上她的笑点不高,无论是微笑还是大笑,一双眼睛如同弯弯的月牙儿,感觉特别甜,特别喜庆,特别容易抚慰人的心灵。不过,真要以为吴晓兰是嗲妹妹那就错了,她说话时的"手势",飞快的语速,干净利落的表达,和她"月牙儿"的外表完全两码事,以至于我忍不住问:"有没有人称你为女汉子?" 她却没有回答。

当年,吴晓兰毕业于上海立信会计学院,正当她准备将简历寄往各家招聘单位时,男友的一句话让她重新审视起自己的前程。男友说:"我看你的个性不太适合做会计,你适合当警察。"

会计与警察,一柔一刚,一文一武,截然不同的两个行当,吴晓兰能接受男友的建议吗? 显然,她接受了,而且连一丝犹豫也没有。

二

在警察这个岗位上,吴晓兰一干就是十年。她庆幸自己被分配进了大宁路派出所,"这是个'一级派出所'呢",她再三跟我强调。

我不知道一级派出所意味着什么,我猜想这至少是个荣誉吧?有道是一个看重集体荣誉的人肯定是热爱集体并希望融入其中的。

吴晓兰怎会不感恩这个集体呢?从警之路有许多"师傅"帮助过她。我听吴晓兰说她的第一次出警经历,她笑,我也跟着笑,她的叙述有强烈的画面感,可见这个"帮助"令她刻骨铭心——

十年前,共和新路1700弄有一户特殊的家庭,夫妻双方都是智障人士。这一天,女方的亲属气愤地带着她到派出所来报案,说是妻子被丈夫打了,打得浑身是伤。因为智障者的妻子表达不清事情的经过和诉求,吴晓兰决定上门去了解情况。当她雄赳赳地准备出发时,被陪同来的居委干部拦下了,他们说:"晓兰啊,你一个人可不能去,那个男人一言不合就会动手。你一个小姑娘打不过这种人的,你必须找个帮手才行。"

找谁呢?吴晓兰正在为难,就听一旁的老民警说:"走,我陪你走一趟。"

于是,吴晓兰和老民警以及居委干部、受害人一行来到了1700弄。门敲了好一阵,打开房门的正是丈夫。一见那人,吴晓兰激动地指着受害人厉声问:"你打她了,对吗?"

那个丈夫惘然地盯着吴晓兰,不说话。吴晓兰正奇怪他怎么不回答自己呢,只觉得衣角被老民警拉了拉,轻轻地关照她:"对智力残疾的人不能这么问话的,我来问吧。"

老民警问话的口气一点也不强硬,他问道:"你叫啥名字?"吴晓兰听到民警问一句,那人答一句。一个程序问完,老民警话锋一转指着受害者问道:"她是你啥人啊?"

"是我老婆。""老婆是做啥咯?"丈夫眼睛翻啊翻,努力想找个词语来回答,可他说不出来。老民警和颜悦色地对他说:"老婆是你欢喜的人,对吗?"丈夫用力点了点头。"欢喜的人是要疼的,哪能可以打呢?你说对吗?"丈夫又使劲地点了点头。"你说哪能办?打人是违法的。""我下次不打她了。""这个表态蛮好,我们都相信你不会再做违法的事情了。不过,你首先要取得老婆的原谅,只有她原谅你了,我们才不追究你的责任。"

……

那晚,躺在床上的吴晓兰翻来覆去无法入眠。闭上眼睛,她的眼前总会出现智障者丈夫惘然的目光。她明白了,不是那人不想回答她的问题,而是他的智力有缺陷,一时接不上她直截了当的提问。而老民警呢,人家笃笃定定地提问,让那丈夫有思考的时间,同样为了解决纠纷,效果却大相径庭。

这件事,或者说以后类似的事情,都是生动形象的实践,吴晓兰看着"师傅们"用智慧、用身心去化解矛盾,这些方法潜移默化地影响着她,感动着她。吴晓兰懂了,这就是工作,这就是她管辖的社区时时刻刻都可能发生的并且需要去解决的"一地鸡毛"。作为一个社区民警,她的职责就是维护社区稳定,建立和谐社区。她还年轻,前面的路还很长,她需要不断地向"师傅们"学习,不给所里丢脸!

三

不久后,一件棘手的民事纠纷考验着吴晓兰的办事能力。那是2009年8月的一天,大沈一大早就跑到居委会,激动地要大家评个理。

原来,大沈因为吸毒被关了两年多,如今期满回家,得知母亲在他被关期间摔断了腿。按理说,母亲骨折了他未侍候,回来后母亲腿伤已治愈,他有什么不满?可他就是生气,就是不满,跑到居委来吵嚷了。

大沈是沈家唯一的孩子,从小父母对他疼爱有加,可大沈从不让父母省心。渐渐地,父亲对这个儿子死心了,既然管不了儿子,他便自己到外面寻找安慰去了。父亲和其他女人姘居的事实让他们父子见面便吵,父亲越吵越走。

心里最苦的是大沈的母亲,丈夫出走,儿子不争气,她孤独度日,十分希望有个释放心绪的地方。小区里有户姓杨的人家需要请人照看孙子,她得知后很高兴。在同一小区里既能和孩子为伴,还能挣点外快,何乐而不为?

那天,她带孩子去小区里晒太阳,小孩子活泼,一到户外撒腿就跑,她怕孩子磕着碰着,就在后面追,一个趔趄跌倒在地,回家过楼道时又摔了一跤。杨家出于道义付给了沈母1500元补偿款,沈母拿钱时还说了声"谢谢"。

大沈听母亲叙述完这件事后，气不打一处来，特别是当他听说母亲为手术花掉了三万多元的治疗费时，他更加责怪母亲不应该拿这笔"打发叫花子"的钱。于是成天跑居委会，要求居委会让对方重新赔偿。

对于一个劣迹斑斑的人要求维权，很容易让人联想到他的动机。果然，吴晓兰几次上门和杨家沟通都吃了软钉子。杨家的理由也合情合理：当初给补偿时当事人并无异议，怎么时隔两年又反悔了？他们客气地对吴晓兰说："民警同志，我们不能因为沈家有人不满意就推翻结果吧？"

从内心来说，吴晓兰的确觉得1500元的补偿有点少，可问题在于沈母先后两次摔倒，究竟哪一跤是导致骨折的元凶？最后，杨家死活不肯协商，关闭了沟通的大门。晓兰为此也请教了所里的师傅们，大家都摇头说了个"难"字。他们告诉晓兰，冷饭不容易炒热，既然没有商量的余地，那只有走诉讼这条路了。可是，这边的大沈也不愿意打官司，他的理由是既没钱也没时间。两家都拧着，怎么办？

这件事倘若处理不当，吴晓兰不敢保证大沈到时候破罐子破摔，真那样的话，民事纠纷演变成刑事案件，这是谁都不愿意看到的。

这时的吴晓兰想到了身边人：老公。当年的男友如今成了丈夫，从事的又是法官职业，执法与司法，真正成为一家人了。果然，在听到妻子的困惑后，他立刻说道："两年的诉讼期限还没到，抓紧时间,这件事有商量的余地。休息天我陪你一起去走访这两家人。"

双休日,晓兰与丈夫一起来到杨家,很诚恳地告诉他们,因为两年的诉讼期还没到,大沈和母亲完全可以去法院提起民事诉讼的,而且,根据当时沈母护理费、营养费、医疗费、伤残费等等的开支,法院可能判决杨家赔偿的费用不会低于两万元……

杨家人听懂了这番晓之以理、动之以情的话语,但他们也说出了自己的顾虑:他们不是不愿意再行补偿,而是担忧大沈的人品,万一他没完没了怎么办?谁能保证这是最后一次?

保证是有的,若双方签了协议书,就具备了法律效应。

说动了杨家人,晓兰夫妇又去找大沈讲道理。晓兰对大沈说,将心比心,想反悔当年双方都认可的补偿,如果换了你答应吗?老话说,一诺值千金,你点了头就要对自己的决定负责……

赔偿款的拉锯战同样艰苦,但晓兰相信,在法律面前双方固守的心结在慢慢解开,达成一致只是时间的问题。那天,"调解协议书"在吴晓兰以及居委干部的见证下终于签署了,杨家夫妇、大沈母子分别在协议书上签下自己的大名。当杨家人再一次拿出 1500 元交给沈母时,晓兰分明看到两家人紧绷的脸松动了,大家都有一种如释重负的感觉。直到这时,晓兰才觉得自己好累哟,可她更多的是欣慰,协议书上四个端正的签名就是她辛劳的最好回报。

晓兰笑了,眼睛笑成了月牙儿。

四

吴晓兰管辖的延峰社区建于 20 世纪 90 年代,是上海滩第一代商品房。那时,上海有买房送蓝印户口的政策,这个推销手段让不少外省市的人成为 561 弄的居民。然而,随着时间的推移,当年被视作"高大上"的商品房成了明日黄花,有点钱的纷纷撤退,再买这里房子的大部分是以改善居住条件为目的的平民百姓。渐渐地,小区里居改非和群租现象也呈现出高发态势。

这一天,有居民到居委会反映说楼上漏水已经很长时间了,天花板的涂料不断往下掉。炒菜做饭时脏兮兮的涂料冷不丁就掉进锅里,涂料变调料了。

解铃还须系铃人,楼上漏水只要找到房东就行。可是,想当然的事情却成了天大的难事!门铃按了又按,回回吃闭门羹。

晓兰了解到这位江先生已是名加拿大籍华人,在加拿大工作。他小区里买了三套商品房,三套房子租掉了两套,还剩一套给自己留个窝。漏水的那套正是出租房。找不到房东找房客——

敲开门,吴晓兰倒吸一口冷气。这套房租给了一家连锁洗脚店的员工做集体宿舍,房间里最醒目的是塞得满满的上下床铺。房间里脏乱差,由于下水道被各种垃圾堵住,加上洗脚店的毛巾也是在这里清洗,日积月累,污水流不下去,造成了天花板漏水。

从这天开始,吴晓兰成了江先生的"追随者",他的出入境记录

94

吴晓兰都密切地关注。就在江先生刚抵达上海不久,他听到了门铃声。

房东江先生 40 多岁,风度翩翩。可是,在晓兰眼里,这个成功人士却不太近情理,当她说明来意后,江先生很不耐烦地打断说:"我刚到家你怎么就找来了? 我的房客犯法了吗?"

一个硬生生的钉子似乎把沟通的门关死了。晓兰并不气馁:"江先生,你知道你的房客给楼下住户造成多大的痛苦吗?""不就是漏水吗? 修呀! 我不会不认账的。"江先生的表态轻描淡写。"怎么修? 什么时候修? 找谁修? 都需要有具体的说法,我们是不是把这件事落实下来……"

晓兰还没说完,江先生又打断她的话说:"我刚到家,让我喘口气可以吗? 我考虑一下再跟你联系。"

一天、两天,吴晓兰没有等来江先生的"联系",她知道他在回避,原来江先生去了日本,几天后又拨打他的电话,他却在深圳。

晓兰觉得江先生的忙并非一句托词,他真是忙到了"脚不沾地"的程度。总算和江先生在上海的家里有了面对面的机会,这一次,晓兰不会让他再"溜号"了。然而,两人一见面,江先生便自傲地卖弄起他的成长和成功史,说到得意处眉飞色舞,感觉"老子天下第一"。

突然,江先生话锋一转说:"你们上海的警察最烦了。我在深圳有房、苏州有房,可从来没人找过我。这种小事找物业去啊!"

楼下的业主整天提心吊胆地生活这是小事吗？晓兰不理睬他的傲慢,问道:"你了解是谁租你的房子吗?"

"我不需要了解,我是和中介公司签合同的,只要每个月房租按时到账,其他的我没空了解。"

晓兰脸上微笑着,但口气却坚决地说:"你至少要了解一下你的房客吧?"

"不需要! 只有他们触犯了法律我才会配合调查。"

"那好,你没空了解,我来告诉你吧。你的两套房子一套租给了卖宠物的淘宝店主,另一间租的就是殃及楼下邻居的洗脚店。居民们反映各种小动物的臭味始终弥漫在楼道里,江先生闻不出来? 还有洗脚店员工深夜下班,吵闹声持续不断,严重地影响居民们休息,江先生也听不见? 我愿意陪你去楼下居民家看看,人心都是肉长的,你看了他们家有多苦,便能感同身受了。"

"可是,我要按合同办事。租约没满,我不能违约的。"

"江先生误会了,我没让你违反合同。但是,租约期满后你有权选择客户。好租客能让你省心省力,你说对吗?"

"这是肯定的。"

"那么我们是不是先把楼下居民家的修补与赔偿问题解决掉……"

离开江先生家,已是夕阳西下,晓兰走在小区的道路上不由得长长地舒了口气。她的眼睛又眯成了月牙儿,在心里给自己点了个赞。对呀,看似她是在努力地为楼下居民争取权益、解决问题,其实,她何尝不是在为江先生维护自身权益?

之后,两户人家都很满意这样的调解和处理。

五

就在我与吴晓兰交谈时,她的手机"叮咚"响了,一条微信随之而来。她抱歉地说:"这几天我一直在处理陈阿姨的事情,我要回复她一下。"

原来,发短信的陈阿姨住在万荣路,自从老伴儿去世后,她便把生活的全部重心都放到了儿子身上。儿子患有眼疾,她格外地怜爱他。陈阿姨有两套住房,一套出租,一套和未结婚的儿子同住,日子平淡却也滋润。两年前的一天,儿子哭丧着脸对母亲说,由于公司经营不善,欠了许多外债,如果不及时还清他有可能要去坐牢。陈阿姨急得团团转,她问儿子欠了多少债?儿子说了一个天文数字。这让她一下子血压升高,流泪不止。好不容易平静了她又战战兢兢地问怎么办?儿子吐出一句让陈阿姨五雷轰顶的话:"卖房还债!"

于是,陈阿姨义无反顾地替儿子卖房还债了!

延长西路的房子卖掉后,陈阿姨满心以为儿子走上正道了,哪里想到不久后的一天他又摊牌了。这次,他要母亲卖掉唯一的住房再次替他还巨额的高利贷借款。

陈阿姨有点不相信自己的耳朵,她问儿子卖了房子后娘俩住哪里去?儿子回答说早就想好了,卖掉大的换小的,还债住房两不误。陈阿姨再三央求儿子保留住房却遭到拒绝,他说自己到了山穷水尽的地步,做母亲的不能眼睁睁地看他无路可走吧。

做母亲的哪会让儿子走绝路呢?为了保全房产又能替儿子还债,陈阿姨四处筹钱。可令她大惊失色的是,儿子这些年利用她的关系一直在向大家借钱,儿子的姑妈甚至把几十万元的养老金都借给了亲侄子。

陈阿姨号啕大哭。近60岁的人一下子找了两份工作,白天去写字楼做保洁工,下班后又骑着自行车赶去一家饭店做洗碗工,每天晚上不到九点下不了班。可是,母亲的苦心换不回儿子的怜惜。5月的一天,陈阿姨还没出门,突然间,四个五大三粗的陌生男人冲进了家门,他们要陈阿姨立刻搬走,因为她儿子还不出欠的高利贷,已经将这套住房以长达10年的租期借给他们了。说话间,他们还拿出了一份租赁合同,上面白纸黑字签了儿子的名字。

又矮又瘦又小的陈阿姨哪是这些凶神恶煞的对手?只见他们强行地卷起被褥,翻箱倒柜就要将陈家的物品往外扔。伤心欲绝的她跌跌撞撞地跑到居委会,进门就喊:"救救我呀!"

在社区走访的晓兰听完陈阿姨语无伦次的哭诉后赶忙安慰她说:"不要急,不要怕!我陪你回去,了解一下到底是什么情况。"

此时,陈阿姨家已被搬得乱七八糟了!吴晓兰大声喝道:"住手!"四个男人看到是位女民警上门,显然没放在眼里,他们将那张10年的租赁合同给她看,理直气壮地说:"欠钱还钱,天经地义。还不出么,用房子抵押,合同上都写得清清楚楚。"

在交涉中,晓兰敏锐地感觉到这些人来者不善。他们动嘴不停手,目的只有一个,以最快的速度清理东西,占领房子。晓兰一边搬了张凳子坐在门口堵住进出的路,一边呼叫电台请求增援。她心里清楚,此刻需要争取时间和这几个人斗智斗勇。

几分钟后,增援民警赶到,几个男人再怎么嚣张也只好停手了。一场风波看似平息了,但凭晓兰的经验,第二天高利贷的人很可能卷土重来。为了让事情水落石出,晓兰和警长商量后决定将双方当事人带到派出所去了解情况。

就在那一天,吴晓兰第一次见到了陈阿姨的宝贝儿子。晓兰问:"你怎么会欠下这么多钱的?""做生意亏的。""你做的是什么生意?""……""从你的出境记录看,你去澳门的次数不少啊?""陪客户去的!""陪谁去的,你报一下名字,我们了解一下。""……""说吧,究竟是陪客户还是赌博?"

……

陈阿姨欲哭无泪,她伸出一双因长时间洗碗以至手指都伸不直的手给儿子看,"儿子啊,你看看我都瘦成什么样了,可还在打工。跟我一起洗碗的都是20来岁的外地小姑娘,我还不能输给她们,否则就要被饭店老板辞退。过年的时候家家户户都在吃团圆饭,而我却在饭店洗 200 只鸭子。为了什么？就为了多赚点加班费,还掉一点是一点啊。"

陈阿姨的话听得晓兰一阵心酸,她问道:"你了解妈妈在为你受苦吗?"

不知是谎言被戳穿后恼羞成怒,还是天生就是个忤逆之子,他脱口而出:"讲什么讲? 我对她没有感情的。"

儿子嘴里说出这般忘恩负义的话让吴晓兰怒火中烧,但她很快就冷静了下来。

吴晓兰对放高利贷的老板说:"这套房子是阿姨和儿子共有的产权房,阿姨现在住在里面,她不同意出租,你和她儿子签的租赁合同无效。我必须警告你们,如果你们再次上门骚扰,想赶走阿姨,我们民警将依法处理。"

高利贷老板也不甘示弱,"我们律师说这是合法的。"

晓兰呵呵一笑说:"我也学过法律,要不请你们的律师一起来谈谈?"

"可是,我被她儿子骗了,他不能立刻还钱,我只有找他老娘。我要是打官司的话,欠债还钱,法院一样会判我赢的。"

眼看对方态度嚣张,晓兰厉声道:"少废话,你是干什么勾当的自己还不清楚吗? 你要么滚出我的辖区,要么等着我们收集证据后跟你打官司。"

听到这里,高利贷老板知道自己碰到强硬的对手了,带着手下人灰溜溜地走了。

陈阿姨离开后，晓兰依然不平静、不放心。陈阿姨儿子不是一盏省油的灯，他一直在动卖房子的脑筋，甚至利用母亲爱儿心切的弱点，谎称自己生绝症了，想自杀了……将来某一天陈阿姨有可能连栖居之地都没有。

有什么办法可以保住陈阿姨的住房呢？回家后，晓兰又向老公咨询起相关对策。夫妻俩还真的为陈阿姨想出了保全房产的办法，那就是有人以债务纠纷起诉儿子，由法院来查封房产。这样，败家子再动什么歪脑筋，只要法院不认可也是无法买卖的。

那一晚晓兰睡得很踏实，睡梦中她的眼睛也弯成了月牙。她准

备第二天就去说服陈阿姨的小姑尽快起诉侄子……在正义与卑劣的天平上,晓兰不怕"引火烧身",因为她代表的是人民的利益。

六

社区民警少说也写了几十位之多,他们各有特色。而吴晓兰的特点是什么? 我反复揣摩,没有答案。

那天下午,她开着自己的车把我从分局接到大宁路派出所。车里有点乱,她把副驾驶座上的杂物扔到后座,腾出地方让我坐。看她手脚麻利、风风火火的模样,我疑惑她怎么有那么多东西? 我还没问呢,她倒先说了:"都是我两个女儿的东西。今天说好了,下班后我去学校接她们回家。"

"学校? 暑假里女儿还上学?"

"是啊,是啊,我们天天上班,女儿天天上课,她们喜欢在学校里。只是我和丈夫都很忙,接送的事情经常交给老人了。老师说啦,你两个女儿很行的,但你们家长不行。"晓兰说这话时眼睛又眯成了月牙儿,丝毫不带苦涩味,看得出她很享受老师对女儿的赞赏。

忽然间,我幡然醒悟。吴晓兰一如她的双肩包,平常、自然又实用——没有特点就是特点,只要人民群众需要,她可以出色地完成任何一个角色!

社区民警王凯每天处理着这些看起来是鸡毛蒜皮但其实非常棘手的事情。为什么他处理起来有条不紊？那是因为他领悟了一根管理主线：住房。

住房，揪着社区民警的心

文／童孟侯

眼下,老百姓谈论最多的是医疗、食品卫生、教育,还有就是住房。"居者有其屋",是永久的话题。

那么,一个社区民警进入自己管辖的社区,最夺目的是什么?也是住房。

黄浦公安分局外滩派出所社区民警王凯管辖的是新建二村。说是"新建",其实是"老建",1930年造的,72家房客,最大的房间也就20平方米,没有卫生设备,木板当墙。这个社区有1453户人家,4784位居民,还有1393名来沪人员。于是,因为狭窄住房而产生的纠纷,几乎每个星期都有发生。外滩是辉煌的"万国建筑博览会",可是在它的背后是陈旧不堪的居民住宅——

谁敢拆,我就和他拼命

王凯的辖区有258家单位,其中有杏花楼、黄金交易所和仁济医院。仁济医院旁的仁济药店和老南家是邻居,一墙之隔。老南特别烦心,药店从早到晚闹嚷嚷,人员进进出出,货物上上下下。仁济药店也有烦恼,每逢下雨,药店屋顶就要漏水。要堵住漏水,就要掀开老南家的屋顶。老南大喝一声:"谁敢动我家屋顶?"

还不是因为住房困难?老南要是有条件,还挤在医院旁边做什么?

仁济药店王店长告到区政府:"两个礼拜后就要下暴雨刮大风

了，外面下大雨，药店肯定下小雨，里面价值几百万元的进口药品就要泡汤了！"

王凯来到了药店的隔壁。老南说："你跟药店是串通好的吧？不要跟我谈，我是不会同意的。"王凯说："你们家的墙壁不是也渗水吗？一起修修吧。"

老南斩钉截铁："我不修，就是要屏煞药店。"王凯找到仁济医院陶院长："你们等到要修药店的漏水了才想到老南，平时怎么不沟通啊？老南一直被药店的噪声困扰。"

陶院长说："请你协调一下吧。药店里全是贵重药品，价值几百万元。下暴雨的话药品要泡汤啦。"

过了几天，王凯把老南请到派出所做协调工作，苦口婆心，一丝一缕。突然，老南从椅子上跳起来，直奔自己家里，他有一种预感，出事了！果然，有几个人已经掀开了他家屋顶的瓦片。老南从厨房里拿起菜刀冲上屋顶："谁敢拆，我就和他拼命！"那几个人立刻说："我们是修建队工人，和我们不搭界的！"

矛盾激化了。王凯大声喊："你们下来！谁叫你们拆屋顶的？"他夺下老南手中的刀："为什么要动刀动枪的？"老南冷笑一声："你跟药店是连裆模子吧？你拖住我谈话，他们就拆我的房顶，这叫调虎离山！"

事情恶化。王凯又找到陶院长："你们要修屋顶，是不是帮老南家也简单装修一下？硬来是行不通的。"陶院长说："好吧。"

接着,王凯找到老南的儿子,来个"曲线救国"。唇焦口燥,终于做通了小南的工作,小南又做通了老南的工作。最后,由民警王凯见证,双方达成协议:老南同意拆开屋顶,修理水管。药店负责修理,顺带帮老南的隔墙换成水泥墙,并帮老南家搭建一个淋浴房……换句话说,老南家以前是没有洗澡的地方的。

刚修好水管的第二天,就下起暴雨。老南家滴水不漏,仁济药店安然无恙。王店长当即把一面锦旗送到了外滩派出所,感谢王凯。

住房是稳定社会必须的基本条件。一个民警抓住了老旧小区居民的住房问题,也就牵住了社区管理的"牛鼻子"。

我们自己成立一个居委会行不行

新建二村旁边有两幢大楼:天赐公寓和中福大酒店,看起来很气派,其实内乱百出。以中福大酒店为例,600间客房可以接待八方来客。当初新建时,为了收拢资金,中福把其中的400间住房卖给个人,中福代业主出租,房租如数转交——问题"潜伏"了,这幢楼的房子有两种属性。

十年一过,400间有个人产权的业主"翻毛腔":"你可以租,我自己也可以租,十年过去了,房价房租都涨了,你们还是给我们老价钱啊!"

从此,进出中福大酒店的人,有的凭身份证复印件登记入住,有的径直走进私家租房;有外国人,有中国人;有吸毒的,有卖淫的;有驴友暂借的,有办公常驻的;有白领独租的,有蓝领群租的……各色人等,良莠不分。

王凯敏锐地意识到,这是人口管理的真空地带,必须管起来,否则藏污纳垢,长出大毒瘤就麻烦了。

王凯和分局治安支队、人口办、出入境办联系,找到中福大酒店章经理:"能不能由酒店前台统一登记? 做到人员进出有个数。"章经理说:"他们不把房间交给我们经营,我们为什么要帮他们登记?"

王凯再找小业主们沟通:"能不能让你们的租户入住时到酒店大堂登记?"小业主们说:"我们把自己房子租出去,房子又不是中福的。"

在王凯看来,盯住了住房,就是盯住了人。跑得了和尚跑不了庙。他动员保安公司和业委会一起来做业主的工作:"你们不登记,有的住户就不能办理居住证,有的住户要离开中国时就会被边检卡住,有的住户在房间里搞不合法的活动……这是我们的隐患,也是你们的风险,出了事情你们业主难道没有责任?"

王凯再做大酒店工作:"进出中福大酒店的人鱼龙混杂,来去随意,这对你们吸引顾客有什么好处? 人家会觉得你们酒店管理很混乱,住过一次还会来住第二次吗?"

足足做了一个多月的沟通,最后达成共识,所有来客都要在中福大酒店前台登记,登记后发给房卡,进酒店进房间都要打卡;接着,在大堂装上监控探头;再接着,让400户房主选出了自己的业委会。业委会主任老李找到王凯:"我们干脆自己成立一个中福居委会行不行?"王凯明确回答:"不行,《中华人民共和国城市居民委员会组织法》规定,居委会的设立由区政府决定。你们只能成立业主委员会。"

送走了老李,王凯忽然想,管起了中福大酒店的400间住房,还有天赐公寓的几十间住房,我这个社区民警管辖范围无形之中增加了很多很多⋯⋯

我要回宁波乡下屋里去了

卫家阿娘在新建二村有一间住房,12平方米,她在这12平方米里生了五个孩子。阿娘年纪大了,跌了一跤,从此腿上打了钢钉,坐了轮椅。前一阵子一直住在老城厢的女儿家,小小的两室户,很拥挤,直到女儿的女儿要生孩子了,阿娘只得住回来。能不能住新永安路小儿子家呢?住不下,一室半。能不能住松江小女儿家?太远。能不能住大女儿家?住房一点都不宽敞。

房小小一溜,家穷穷一窝。住房问题是重要的民生问题。

阿娘的12个平方米住着快60岁的大儿子卫庆。他好逸恶劳,吃喝玩乐,阿娘的养老金银行卡一直被他包用,3000多块钱不到10

天就花光了。然后，卫庆就到居委会大闹，要求吃低保。居委会按政策给他一点临时补助，卫庆就把家里的垃圾统统倾倒在居委会的门口。

卫庆对阿娘不闻不问，不管不顾，吃中午饭给她吃一只葱油饼，晚饭给她一只馒头。阿娘只能馒头蘸着泪水吃。弟弟妹妹说："大哥，你怎么能这样对待老娘呢？"卫庆暴跳如雷："你们待老娘好怎么不把老娘接过去？"

"我们那里实在是住不下，太小了……"

由于住房的逼仄，一些本来很简单的事情人为地复杂了。

卫庆说："你们出钱，给家里装个空调，老娘要用。"弟弟妹妹当场凑出 5000 元交给哥哥。可是这 5000 元让卫庆上饭店、上赌台，一个星期就花光了。卫庆又到居委会"大闹天宫"。

王凯闻讯赶到居委会，卫庆一把揪住他的警服："侬当我怕警察，警察有什么了不起！"说着猛推王凯的胸口，步步紧逼，想要打人。王凯立刻向所里呼叫增援。警车来了，几个民警一起把卫庆带到派出所，戴上约束带，让他醒酒。第二天早晨，卫庆的酒醒了。

卫庆已经对民警有了肢体动作，妨碍了公务，完全可以对他进行处理。可是几个邻居来求情："放了卫庆吧，他家里还有老娘需要照顾。"卫庆的两个妹妹也赶过来："放了我们家大哥吧？他喝醉了。"

四天以后，卫庆推着轮椅把阿娘往居委会送："你去跟居委会说,我要吃低保!不同意的话我就不客气了!"

　　居委会主任耐心跟卫庆解释:"我们按政策不能给你吃低保……"话音未落,卫庆就往门外走去。主任以为他去方便一下,谁晓得一直到天黑,都不见他的影子。他不要老娘了,他独霸住房了。王凯得知情况赶到居委会,一方面配合居委会通知阿娘的其他子女,一方面到卫庆经常去的网吧、饭店和旅馆寻找。

　　如此寻寻觅觅,一连找了四天,终于在一个网吧里找到了卫庆。王凯召集一家人开会,讨论如何照顾阿娘的问题,阿娘不能没人管。

　　卫家阿娘低下头说:"我已经决定了,回宁波乡下屋里去,我的心冰冷冰冷。"

　　子女们再三挽留,都没有效果。王凯沉吟片刻,说:"好吧,既然阿娘已经决定,卫闵,你妈要吃的药你每个月帮她到医院里去配,行不行呢?你每个月要把药送到宁波去。卫芬卫玲,你们每个季度要到乡下去看望你妈,行不行?卫庆,你把你妈的银行卡交出来,让老人家自己用,行不行?既然行的,你现在就拿出来。卫敏,你到乡下去帮阿娘请一个保姆。好,卫家五个儿女每人每月出一份钱,凑够阿娘请保姆的钱……"

　　依依不舍送走了卫家阿娘,王凯一声叹息:明明上海有自己的住房,却要住到宁波乡下屋里去,唉——

　　一个居委会干部悄悄说:"见过操心的社区民警,没见过这么操心的社区民警。"

是啊，王凯才 32 岁，当社区民警才五年。他先是读上海医疗器械高等专科学校，毕业后再考上海公安高等专科学校，接着就当了社区民警。他的同学早就做医疗器械的推销了，早就发了。

是啊，王凯无怨无悔。他跟外滩派出所所长说："我想当社区民警当到退休，我热爱这份工作。"他要是真干到退休，还有一个 28 年！

是啊，他整天在 1500 间住房和 5000 多名居民中间穿梭，处理着各种事情，和女友约会的时间都很难挤出来，婚礼的日子怎么都定不下来。

是啊，王凯不仅是新建二村的社区民警，还是外滩派出所第一责任区的警长，警长就要管 12 个民警，这 12 个民警管辖着另外六个社区……

我们要集体静坐示威

2016 年年初，福建中路沿街的芳芳足浴房关门，隔壁的东来餐厅立刻租下来准备扩大店面，因为他们专营山东的海鲜，生意红火，现在要火上加火。

建筑队开进去，开始敲墙挖地拆楼梯。和餐厅一墙之隔的王阿姨立刻跑到居委会告状："他们用冲击钻冲，用大榔头敲，把我们家的墙壁都敲得开裂了，房子要倒塌了……"

话未说完,住在东来餐厅后面住房的蒋大妈和赵大妈也登门:"不得了啦,我们家的墙壁被他们敲得裂开来了。叫他们停下来,不停的话我们要集体静坐示威,要到区政府去告状! 店大就可以欺人?!"

咳,又是住房问题。街面的住房,只有餐厅、超市、足浴房等等喜欢,王阿姨她们才不喜欢呢,汽车声、喇叭声、尾气排放、垃圾堆放……

王凯立刻赶到东来餐厅找唐老板:"装修先停一下,有居民投诉了。"唐老板火了:"我装修我的,我又没有装修她们家!"

王凯说:"如果大妈们真的吵到你的餐厅来,你还有生意可做?你的墙和王阿姨的墙是一堵墙。我已经去看过了,人家墙硬碰硬开裂了。"

住房是供人居住的建筑空间,有着不可移动性、唯一性、寿命长久性,还有互相影响性,也就是说,住房是互相影响的。住房一直是困扰政府、牵动民心、有劳民警的大事。对住房问题解决的成败得失,甚至考量着执政党的执政能力和执政水平,具体到代表政府的社区民警来说,就是他个人的能力和诚信。

王凯跑到房管所:"请你们帮忙修一修王阿姨家的墙壁。"房管所说:"住房的公共部位我们负责修理,内部装修我们不管。"

王凯说:"那么我们一起到现场查看一下,居民家墙体被搞得开裂是不是事实? 是不是还能住人?"房管所的师傅到福建中路检查

112

一遍, 告诉王凯说:"这房子是 20 世纪 50 年代造的, 很单薄, 墙体本来就有点开裂, 餐厅一装修, 一震动, 裂缝变大了。住人还是没有安全问题, 开裂的不是承重墙。"

王凯把检验结果告诉三位老人。两位大妈暂时回去了, 王阿姨拒绝:"我不回家, 这房子肯定要坍塌了。侬一定要帮我把这件事解决好。"王凯说:"我先安排你住到对面的恒福旅馆, 我再去东来餐厅协调。"

王阿姨问:"旅馆的钱谁来出?"王凯笑着说:"钱我来付。"

王凯又找到唐老板:"这是房管所的验房报告, 居民的墙体本来有些开裂, 这是事实, 但是你们的装修使得开裂程度增大了, 你们是有责任的。"唐老板想不通:"这是她家的墙壁质量不行, 跟我无关。如果重型卡车经过福建路, 把王阿姨家的玻璃震碎了, 也问运输公司赔去?"

王凯说:"双方如果真搞僵了, 三个大妈组织十几个家人到你们东来餐厅静坐, 你能动手动脚驱赶她们? 你还能继续装修? 你还能继续营业? 早一天装修早一天开业, 早一天有客人来就早一天有进账嘛。"唐老板低头抽烟:"你说怎么办?"

王凯说:"你一样要装修, 何不干脆把那堵墙敲了, 换成水泥墙, 裂缝也没了, 隔音也好了, 大家互不干扰。你再把王阿姨家稍微装修一下, 还有蒋大妈赵大妈, 你也给一点装修补贴。"唐老板喉咙又响了:"这样不公平!"

王凯说:"你造成了邻居的损失是应该弥补的,这个钱对你来说不是大钱。我这样处理还不知道三位大妈同意不同意呢?蒋大妈赵大妈的儿子女儿都下岗了,家里条件很困难。王阿姨的老伴刚刚过世,心情很悲痛,精神很崩溃。她们都是碰不起的很困难的老人啊……"唐老板把手中的烟蒂扔了:"好吧,听你王警官的!"

王凯再赶到恒福旅馆,说服王阿姨:"您愿意住在旅馆,您就继续住,我会付钱的。您愿意到女儿家去住也可以,等装修好了,我去接您回来,好不好?"

王凯再赶到东来餐厅后面的住房,做赵大妈和蒋大妈的工作:"老板愿意补贴你们一点,我觉得可以接受,因为墙上的裂缝本来就有的。你们拿到钱,把裂缝补一补,好不好?"

一场差一点就暴风骤雨的纠纷就这样平息了。东来餐厅很认可这个王警官,认为他处理矛盾有道理有办法。王阿姨住回自己家之后很惊喜,她给王凯写了一封感谢信:谢谢你帮我解决了墙壁裂缝的事情,我误会了你,我总以为你不会帮我们这些无助的老人,对不起了,你还自己掏钱让我住旅馆……

王凯的英语好,有没有遗传?他的外公是英语教师,小时候就跟他"唠"外国话;王凯要当警察有没有遗传?他爸爸是上海一家工厂保卫科的副科长,一直干到退休。

王凯调侃道:"爸,您是小保卫,保卫一家厂;我是大保卫,保卫上海市。您是保安,我是公安。我比你大!"

王凯从小调皮捣蛋。爸爸曾经说："等你长大了一定要送你去当兵，大熔炉里有严格的纪律，可以管住你。"长大了，王凯不用爸爸费心，自己投入到了另一个"大熔炉"——公安局，不但管住了自己，还管辖着整个新建二村 1500 多间住房和 5000 多名居民。

小区里的事情千头万绪，千变万化，有吸毒、卖淫、赌博、盗窃、打人、吵架，有外国人喝醉酒闹事，还有外地来沪身份不明的……王凯每天处理着这些看起来是鸡毛蒜皮其实非常棘手的事情。为什么他能处理起来有条不紊（满打满算他只当了五年社区民警）？那是因为他领悟了一根管理的主线：住房。

一个家庭的和谐和幸福，和住房有很大的关系。最牵动老旧小

区居民心的是住房,最容易藏污纳垢搞乱小区的也是住房。抓住了住房这条线,然后扩展开去,发散开去,就能顺藤摸瓜,抓住不法分子和犯罪嫌疑人,就能为居民排忧解难,得到居民的认可。

　　一个优秀的社区民警,居民会把他当亲人,会请他到家里来做客,譬如王阿姨、赵大妈、蒋大妈、卫家阿娘、东来餐厅唐老板、王店长、中福大酒店章经理、复员军人老南、仁济医院陶院长、业委会老李……

　　王凯说,他很喜欢当社区民警,他觉得社区民警像白酒,越陈越香。

十年磨一剑,童晓卿在社区民警的岗位上崭露头角,并运用互联网思维不断延伸社区的工作空间,效率高、效果好,成绩突出,曾荣立过三等功、得过嘉奖,被评为"新长征突击手"、区十佳优秀社区民警,他管辖的西木小区也被评为市级文明小区。

"西木片警"的互联网思维
——记徐汇公安分局枫林路派出所社区民警童晓卿

文 / 陈　晨

2016 年 10 月 21 日,阿里巴巴集团董事局主席马云应邀为全国百万政法干警做了一场讲座,主题是"科技创新在未来社会治理中的作用"。马云表示:"这次互联网的革命,很多人意识不到对人类社会有多大的冲击。这次技术革命,是释放、解放思想的解放。"

马云的演讲振聋发聩,让人思路大开。其实,在上海公安队伍里,早有一些优秀青年民警,善于学习新知识、新技能,较早地运用互联网思维去解决工作中所遇到的问题。

徐汇公安分局枫林路派出所社区民警童晓卿就是其中一位。近年来,他借助微博、微信等新媒体,创造性地将互联网思维运用到日常工作中。从他身上,我们既可以看到传统社区民警的踏实和亲民,也可以看到新一代社区民警的开拓和创新。

微博,让他的社区警务工作如虎添翼

2011 年 6 月,童晓卿在新浪网率先开通了名为"西木片警"的微博。这是上海公安民警中最早开通的实名认证微博之一。他开设微博的初衷,是为了顺应当时"基层基础年"和"虚拟社会管理"的需要。

从此,童晓卿如虎添翼,工作空间向更广阔的天地延伸。"西木片警"微博开通后,粉丝人数不断增加,几个月后达到了 4000 人,在网民间拥有巨大的影响力,该微博也被上海市公安局门户网站特别推荐。

微博，让他多了一个防范宣传的阵地。童晓卿在工作中发现，平时在社区里见到的只有老人和小孩，他每月主讲的防范宣传课，来听课的也都是老年人。这就出现了一个怪现象，那些上过课的老阿姨老伯伯，警惕性都很高，防火防盗防电信诈骗的意识相当强，一接到诈骗电话立即会说："你是骗子，阿拉社区民警刚刚上过课！"相反，那些"上班族"却终日难觅踪影，久而久之，这部分人群就成了防范宣传的盲区，不时有人受骗上当。有了微博之后，童晓卿就会适时上传一些案情通报、法律法规，让忙碌的上班族随时可以利用碎片化时间来看。

微博，也让童晓卿多了一个互动交流的平台。用童晓卿的话来讲，社区民警的职责，"上管海陆空，下管窨沟洞"，"杂"是社区民警业务范围最大的特点，而这也恰恰是对"西木片警"微博内容最精辟的概括。从杀灭白蚁，到幼儿园招生、家人走失、食品安全、户籍签证、经适房申请、交通拥堵、违法处理、防范各种电信诈骗等通通都有，就连减肥，也有人在微博上咨询他的意见。

"能解决的，第一时间帮人家解决；不能解决的，给人家指条路。"面对五花八门的提问，"西木片警"态度诚恳，"作为社区民警，我也应该在网络的虚拟社会中有思想、有社会责任感地活着。"

微博，也为侦查破案增加了辅助手段。一次，派出所民警抓获了两名扒手，缴获苹果 iTouch 播放器一部。为尽快找到失主，童晓

卿从 iTouch 内的信息寻找线索,找到一个疑似被害人的微博名 @
等待灿烂 007,马上用自己的 @ 西木片警寻找失主,并加其为好友,
以期尽快取得联系。经热心网友转发后,不到一个小时,童晓卿就
联系上了失主姜小姐。姜小姐本来以为只是一个小小播放器而已,
绝无找回的可能,没想到童警官居然通过微博联系到了她,不禁喜
出望外,连声道谢。

最让"西木片警"微博声名远扬的,是童晓卿多次运用微博的
力量,找回了走失的老人、迷途的少女,以及脱管的精神病人。

2012 年 10 月,一位患有阿尔兹海默氏症的温州老人,被女儿
女婿接来上海生活。当天下午,天气晴好,她女儿就让母亲坐在自
家店门口晒太阳。等她女儿忙过一阵,回头一看,糟了,老母亲不见
了! 想到老母亲已经 70 多岁了,神智不清,根本不知道女儿家的方
位,女儿急得想哭。遍寻不着后,女儿只得到枫林路派出所报案。
把该办的登记手续办完后,童晓卿想到了微博——"网络的力量是
无穷的,我有几千个粉丝,他们各自还有粉丝,这样的传播速度是几
何级数增长的,何不利用网络找找看?"

他把老人的体貌特征和身份证照片上传到微博,并留了派出所
的值班电话。没想到,两个小时后,电话响了! 一位热心网友在太
平桥地区发现了老太,并开车把老人家送到了派出所。原来,老人
晒了一会儿太阳,站起身来散步,沿着斜土路一路向东,不知怎么的
居然走了那么远,幸亏遇到了好心人和热心的童晓卿。

还有一次,童晓卿与浙江台州椒江分局的民警叶展源微博联手,合力找回一名迷途少女。此事通过 @西木片警和 @椒江叶 sir 的微博广为传播,赢得网友无数点赞。

微信,让他有了更便捷的工作平台和更灵敏的触角

随着微信的快速发展,童晓卿又开通了微信,继续利用自媒体快速、便捷的特点,为社区警务工作服务。

他建立了几个微信群,居委干部一个群,党总支一个群,治安积极分子一个群,除了逢年过节互致问候,在群里联络感情之外,更多的是联系工作。

童晓卿介绍说,西木小区的居委干部,退休前大部分是单位里的领导,自身的素质相当高。退休后在居委里发挥余热,各项工作也都开展得扎实有效。在他刚开始担任社区民警时,发现他们在处理矛盾纠纷时,往往偏重于"情"而容易忽略"法"和"理",感性有余而理性不足。这样,有些矛盾纠纷看似被压下去了,那也只是当事人看居委干部面子,一时忍了。但忍一时易,忍一世难,矛盾如果没有得到根本性解决,终有一天还会发作。所以,童晓卿在工作中十分注重对居委干部法律思维的培养。有了微信以后,工作更方便了。遇到问题,居委干部随时会向童晓卿请教,童晓卿就会条分缕析地帮他们分析,这件事属于什么性质,如果是违法犯罪适用什

么法律条文,如果不是违法犯罪该用什么方法分别去做工作。久而久之,居委干部遇到小纠纷、小矛盾,不用惊动社区民警就自行解决了,这样,无形之中也提高了基层组织的能力,提高了小区的管理水平。

在治安积极分子的群里,童晓卿会把一些复杂的问题简化成"大白话",通俗好记。比如说,在 2016 年"6·26"禁毒宣传日前夕,童晓卿在群里给大家科普禁毒知识,上传了一些罂粟花的图片。有几位年纪偏大的人说这些花的特征不好掌握,记不住。童晓卿说,只要记住一点,如果看到这花不是自己熟悉的,又特别好看的,就向我报告。几天后,一位治安积极分子向童晓卿报告,说在小区角落的绿化带里看到可疑的花,请童警官去"鉴定"。童晓卿过去一看,果然是罂粟花,一共有 25 株,其中有几株已经谢了花挂了果。要知道,这些浆果就是制作海洛因的原材料……童晓卿立即上报禁毒办,禁毒办派人铲除了罂粟,还拍摄了录像。"6·26"宣传日当天,举报有功的治安积极分子受到了表彰,有领导称赞他警惕性高,他憨厚地说:"阿拉社区民警教我的,看到特别好看的花要报告。"

有了微信,童晓卿寻找走失人员又多了一条途径。由于长期积累下良好的公信力,童晓卿一旦在朋友圈里发布寻人启事,微信好友都会帮忙转发,有些还会特别注明"这是我们小区的社区民警发的,请大家扩散"。

2015 年的某一天,一位小区居民来找童晓卿求助,说她 80 岁的外婆失踪了,请童警官帮忙找找。那天,她外公睡了个午觉,一觉醒来发现患有老年痴呆症的老太不见了,这下急坏了,赶紧通知家人,家里人把附近都找遍了,找了好几个小时都找不到。

童晓卿赶紧把寻找失踪老太的信息发到微信朋友圈里,请大家帮忙转发扩散。朋友圈里有一位好友是闵行区政府的,他把消息转发到闵行的群里后,闵行区救助管理站的工作人员发现这和他们当日收助的一名老太情况很像。家属一看,果然就是走失的老太。原来当天老太在家里待得闷了,就自己走出家门,走到沪莘线终点站,糊里糊涂地上了车,一直乘到了终点站。到了终点站她也不下车,司机问她去哪里,不知道,家在哪里,不知道,叫什么名字,不知道,于是就把她送到了闵行区救助管理站。

童晓卿觉得,在互联网高速发展的今天,人与人之间的连结方式已经发生了非常大的改变,新时期的社区警务工作,必须充分利用互联网技术,为传统的社区警务工作插上科技的翅膀。

利用"支付宝"思维解决久拖不决的家族纠纷

童晓卿管辖的西木小区是一个建造于 20 世纪 80 年代的售后公房小区,由于历史原因,不少家庭因为住房问题都有或多或少的矛盾。小区里有一户人家,兄弟二人住在一套两室户的房子里。房子是当年单位分配给父亲的使用权房,父亲过世后,房子由二儿子和三儿子居住。两兄弟每家人各居一室,生活诸多不便,都想独得房子,又拿不出钱贴补对方。为此,兄弟反目,多次为了房子大打出手。这事也多次闹到居委会、派出所,四任居委会主任都曾为此事调解过,但都没有结果。

2006 年,老三撒手西去,妻子改嫁,于是矛盾双方的主体变成了老三的女儿静静与二伯。为了争房子,20 岁不到的静静甚至还和伯伯动过手。

2007 年,童晓卿到西木小区做社区民警,也曾把双方找来调解过。当年算下来这套房子市值 38 万,但双方都说没有钱,事情只好再次搁浅。

事情的转机出现在 2015 年上半年,当时的股市牛气冲天,老二的妻子赚得盆满钵满。手上有了一些钱后,她主动来找童晓卿,说:"童警官,我们家这个房子的事也拖了这么多年,一直拖着总不是办法。我前段时间炒股票也赚了点钱,想趁手里有钱赶紧把事情了结掉,您能不能出出面,帮我们把这件事处理掉?"

童晓卿一听,这起久拖不决的家族纠纷终于有了一个契机,当然愿意出面调解,于是协同居委干部,把双方约到西木小区的"西楠庭语"谈话室,进行调解。

调解开始还算顺利。根据当时的行情,约定由老二付给侄女静静 68 万元人民币,静静把户口迁走,与该房屋再无关系,双方都同意了这个方案。

但在如何交割钱以及迁户口上，双方又吵起来。伯父说："你先把户口迁走，我立刻打钱给你。"侄女静静说："凭啥我先迁户口？你钱到位我立刻把户口迁走。"伯父说："我要是把钱给了，你还赖着不迁怎么办？"静静说："我要是把户口迁走，你赖账怎么办？"伯父说："老鬼勿脱手，脱手勿老鬼……"

眼看双方剑拔弩张，一个个成了乌鸡眼，童晓卿心里叹了一口气，想想当事双方是有血缘关系的亲人，弄得像仇人一样不难受吗？有心不管吧，眼看事情好不容易到了这一步，如果半途而废，又不知会拖到哪一天。他们积怨多年，互不信任，担心自己利益受损也是人之常情，有什么办法吗？

他脑子一转，想到了一个主意，启发说："你们先别吵，我们一起想想有什么解决办法。你们有没有在淘宝上买过东西？如果买卖双方都不敢先把自己手中的货币和物品交付出去时，有什么办法可以让双方避免风险？"

静静年轻，网购比较多，马上心领神会，说："噢，知道了，用第三方托管，支付宝。"

童晓卿说："对啦，第三方托管就是站在中立的位置，不偏向任何人。"

二伯母连忙说："好，童警官你就给我们做一次'支付宝'，我明天就把钱交到你手上，我相信你。"静静也说："我也同意童警官当第三方托管，把68万元交给他。"

看着双方意见一致，推选童晓卿当"支付宝"，童晓卿有点哭笑不得，连忙说："这可不行，我也不敢拿着这么多现金啊，不合规定。不如这样，二伯母呢，先到银行开一张写着静静名字的本票，把本票押到我这儿。静静呢，把身份证押在我这里，先去迁户口，等户口迁走了，再来我这里拿身份证和本票。"

双方满意而去，分头行动，几天后就各自办妥了。二伯父、二伯母看到困扰自家多年的家族矛盾迎刃而解，不禁对童晓卿连声道谢。静静从来没有一次拿到过这么多钱，高兴得不知道说什么了。

童晓卿想想静静父亡母嫁，身边也没个长辈关心她，不禁想多关照两句，就对静静说："照理这事已经解决了，后面的事不属于我职责范围了，但我还得多啰唆两句。你拿着这 68 万元赶紧去买房子，不然这钱一天比一天不值钱，你以后连个安身的地方都没有。"

静静听了，连连点头，说我这就去买房子。此后，童晓卿总是有些不放心，担心小姑娘贪吃贪玩，把钱浪费了，所以经常催促静静，问她房子买好了吗。在童晓卿的多次过问之下，两个月后，静静终于在浦东买好了一套房子。

这之后的事情大家都知道了，股市应声而落，房价日涨夜涨。每次，他们见到童晓卿一次，都会真心实意地感谢一番，都说"多亏了童警官"。

储存在头脑里的"大数据"和"云计算"

尽管自己本身是一个善于利用互联网、新媒体开展社区警务的民警,但童晓卿仍然认为传统的社区警务工作中有很多精华的东西,其中一个是对自己管辖的社区必须做到底数清、情况明;另一个是心中永远要装着老百姓。这两点是做好社区民警的前提和必备条件,也是我们社区民警代代相传的优良作风,我们要好好地传承下去。

"走进小区,从北到南,依次二层楼、三层楼、四层楼、五层楼、六层楼,分别建造于20世纪50、60、70、80、90年代,看着这一栋栋居民楼,你能看到当年社会主义建设初期居民住宅的演变。而且,有些楼虽然从外表来看,长、短、宽都一样,但从门洞的分布,可以看出当年居住者的身份地位。有些楼是专门分给干部住的,户数少,套内面积大;有些是分给普通职工住的,户数就多。少的一梯两户、三户,多的一梯六户、八户……"

谈起他的社区,童晓卿如数家珍,一张居民楼的分布图清清楚楚存在他脑子里。他的大脑,赛过"云计算",储存着小区的各项大数据。要知道,当年为了熟悉小区,童晓卿曾经下过不少功夫。

2003年,童晓卿从上海公安高等专科学校毕业,分到枫林桥派出所当巡逻民警。第一年,他骑着自行车巡;第二年,他骑着摩托车巡;第三年,他开着警车巡。每天这样走街串巷,三年下来,童晓卿对他巡逻的街区了如指掌。

2007 年,童晓卿开始担任徐汇区枫林路街道西木小区的社区民警。西木小区是一个老式居民小区,东至小木桥路,南至零陵路靠近枫南菜场,西至枫林路靠近肿瘤医院,北至斜土路靠近中山医院,有居民 5000 多人,外来人口 700 多人。辖区里还有枫林幼儿园、徐汇游泳馆、枫林养老院等单位。

刚刚开始担任社区民警时,童晓卿禀承老一代社区民警踏实的工作作风,用脚步去丈量他的社区,靠重复刷脸提高与居民之间的熟识度。他的师傅告诉他一个妙招,你要真想快速和居民打成一片,就每天清早赶在居民上班前,穿上制服站在小区门口。遇到居民询问,就递上警民联系卡,告诉人家,我是新来的社区民警,有什么需要帮助的可以找我。

于是,每天早晨,西木小区的居民都会看到一个身着警服的青年民警笑眯眯地站在大门口。渐渐的,进进出出的居民们知道了这位民警姓童;渐渐的,他们知道,这位童警官尽管很年轻,但是工作作风很扎实,做事很有魄力,向他反映的治安情况他会认真调查、认真处理;渐渐的,他们知道,这位童警官很热心,真的会把群众的困难放在心上,真心实意地帮助群众解决问题。

如果用传统的社区民警标准考量,童晓卿已经是一名优秀的社区民警,他把老一代社区民警认真细致、亲民爱民的工作作风延续下来。可是,童晓卿并不满足于这些。他说,多年来,我们做社区民警一直都是以"马天民"为模板,这是群众喜闻乐见的社区民警,也确实发挥过积极的作用。但是,社会发展到了今天,社会的形态和治安问题的种类都已发生了极大的变化,社区,也不再是过去的社区。他常常会思考:今天的社区,需要什么样的社区民警?今天的社区民警,该如何开展社区警务?如果马天民今天还在做社区民警,他该如何开展社区警务工作?

所以,他一直在探索,也一直在努力。

十年的光阴转瞬即逝,童晓卿忙忙碌碌,网上网下不亦乐乎。网下,他是小区居民熟悉和喜爱的社区民警"小童",每天穿街走巷,为居民排忧解难,为西木小区的一方平安做着琐碎的小事。网上,他是虚拟世界里的社区民警,有着众多的粉丝,有着广博而灵敏

的触角,正在运用互联网思维不断延伸他的工作空间,不断提高他的工作效能,为新时期的社区警务工作持续不断地进行着创新和探索。

四年的时光,姚莲花已经忘记了在小区里兜了多少圈,见了多少人,解决了多少纠纷。作为一名社区民警,她感到欣慰的是,社区里的人都认识她,有点小事情也喜欢找她解决。只因为她值得群众信赖。就此一点,就是一名社区民警的最高荣誉。

"莲花"盛开在民旺苑
——记奉贤公安分局南桥派出所社区民警姚莲花

文/程　勇

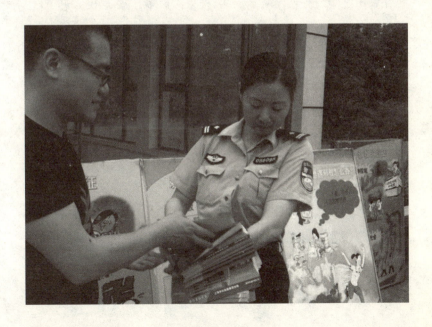

夜幕降临,华灯初上,辛劳了一天的居民陆续聚集到民旺苑小区的广场上享受一天中难得的清闲,跳舞的不断变幻身姿,聊天的喜笑颜开,一派和谐的气氛。明亮的路灯下,一辆闪烁着警灯的警用电瓶车,穿过聚集的人群缓缓而来,车上一名面带微笑的干练女警热情地与周围熟识的群众打着招呼,嘘寒问暖。这样的场景,对于居住在民旺苑小区的群众而言,早已习以为常,骑车的"姚姐"就如同他们家人一般,时常陪伴在身边。

"姚姐"全名姚莲花,不惑的年纪,已经和民旺苑小区结缘了四年。2011年前后才建成的民旺苑小区,是一个典型的拆迁小区,用"左脚农村、右脚城市"来形容再恰当不过了,现代化的都市小区包裹在农田之中。拆迁户多,老人多,外来人口多,许多居民人进了城,但是思想却还没来得及转换。处理小区居民的"城市适应综合征",便成了曾经在武警医院做了五年护师的姚莲花的拿手好戏。

察言观色,是社区民警开展社区工作的必备工作技能,但敢讲敢为,方能体现社区民警的真实作风。

养狗问题,一直是城市管理的老大难。作为拆迁小区,民旺苑小区的很多群众自然而然地就带着他们的爱犬一起进了城。2015年6月前后,16号一居民嫌自己家房子小,容不下自己家的中华田园犬(俗称草狗),就在楼下的16号和17号之间的公共绿地上用木板铁丝给自己家的爱犬搭建了个"一室一厅"的狗窝,还用油漆给小狗棚刷了一遍,把小狗棚装修得漂漂亮亮的。爱狗人士喜欢狗,给自己家爱犬改善下居住环境无可厚非,但炎炎夏日之下狗的粪便臭味和狗叫声可让周边居民受不了了。居民们纷纷向居委会投诉,要求居委会把狗迁走。居委会的工作人员多次上门劝说,反而激起了狗主人的愤怒。狗的主人带着一大帮住在该小区的亲戚,把居委会大门"占领了",扬言居委会敢针对他们家,就把狗棚修到居委会办公室里面。居委会的工作人员没有法子,只得让"姚姐"出马。

姚莲花风尘仆仆地赶到16号楼狗主人的家门口,见到狗的女主人,和声细语地说:"阿姨,你这狗可不能这样养在小区绿地里面啊!看你好像也没搬来多久,我给您讲一下《上海市养犬条例》吧。"

"我以前在乡下就是这么养的,关你什么事?"连带一声用力关门撞击的巨响。姚莲花才说上一句话,就吃了个"闭门羹"。女主人不好谈,那男主人总归讲点道理吧。姚莲花又敲了一次门,开门的恰好是男主人。"我们家养狗防盗啊,家里被偷了怎么办?被盗了你们派出所能负责吗?"男主人的态度也不怎么友好。姚莲花见对方一家人都是这个不讲理的样子,平息了下心情,还是和颜悦色地跟对方解释周围邻居的抱怨,以及《上海市养犬条例》的相关规定。

也许是姚莲花的较真让对方态度有所松动,男主人听完后说道:"要搬你来搬吧,我们家没车。"在询问对方是否乡下还有房子,对方给予肯定答复后,姚莲花斩钉截铁地说:"狗我给你弄到乡下去,我今天跟居委和群众下了军令状要彻底解决这个问题,现在我就把这个问题彻底解决掉。"说罢,姚莲花就径直回所开来了皮卡警车,在周围热心群众的帮助下,把狗棚带狗一起拖上了车,直接拉到了男主人乡下的房子。果断的作风,让群众欢呼不已。让居委头疼了一个星期的问题,姚莲花敢说敢做,敢于碰硬,一下子就得到了解决。从此,大家都知道了,"姚姐"不但敢仗义执言,更是说做就做。

社区的工作就是这样,要想让群众服你、信任你,就得做出点什么。一名社区民警,要想在群众中树立威信,就是要敢于触碰日常警务工作中的"硬钉子"。姚莲花深知,在这种拆迁安置小区,很多人都将原来的生活习惯带到了这里,任意饲养宠物,占用公共绿地……种种不文明的行为千万不能起坏的示范作用,一旦不文明行为没人管,就会造成"破窗效应"。在姚莲花的大力配合和支持下,居委会对小区的不文明行为下重拳,出重手。你敢占用绿地种菜我就马上给你铲掉然后把绿地补上,你敢散养流浪犬我马上就找打狗队把狗抓走。强硬的管理作风,切实提高了小区居民的文明素养,提升了从农民向市民转变的速度,也让小区走上了良性发展的道路,营造了文明的氛围。

能言善辩,是社区民警调解民间纠纷的基本要求。而审时度势,把握问题关键则是考验民警应变能力的重要标尺。

民旺苑小区里面的独居老人占到了小区人口的很大比例。姚莲花接手这个小区后,就从庞大的老龄人口比例中察觉到了老人这个群体需要特别的关注。一是因为老人们身体都不是很好,一旦遇到身体突发问题,说不定就是一条人命。因此,护师出身的姚莲花在工作包里常备了老年人紧急情况时需要的药。二是有的老人独居多年,性格有点古怪,与周围邻居相处不太融洽,处理起事情来倚老卖老。所以姚莲花就经常跟这部分老人接触,掌握他们的内心想法。

这不,22号两位老人就因为自行车停放的问题吵了起来,"姚姐"又得赶赴现场进行调处。其实事情的经过很简单,101室门前有块空地,102室的老人怕自己自行车被盗,就把车锁在了101室门前空地的栏杆上。嫌对方堵了自己门的101室的老人就不干了,让102室的老人把车挪走。102室的老人觉得自己也没有影响别人多少,而且空地是公共的,也是寸步不让,两位老人就为了这么个小事吵得不可开交。周围的邻居看不下去,就通知了姚莲花。

姚莲花赶到时,两位老人的"嘴仗"正好进入高潮,劝解无效的姚莲花只好把两位老人隔离开,先让两位老人平静下来,劝两位老人不要急。谁知,102室的老人刚隔离开来,就出现呼吸急促的现象,一个劲地向姚莲花求救:"我不能急,我有心脏病,快给我上药。"说完就躺到了地上。姚莲花根据自己多年医护经验,又根据老人的口述,判断老人很有可能真的是心脏病犯了,于是便询问老人是否有药,老人此时已经快休克了,哪里还能赶到家里找药。姚莲花迅速打开了自己的工作包,找到了硝酸甘油片,并且马上掰开老人的嘴,让老人含服了下去,又蹲在旁边给老人做舒缓,折腾了近一刻钟,老人终于清醒了过来。老人醒了后,姚莲花开始对她做起了工作:"你看,你都有心脏病的,怎么能急呢,大家都让一步不就好了吗?"老人听完救命恩人的劝解,也意识到自己的问题,便不作声了。把老人送到社区医院后姚莲花又找到另外一个老人,语气严肃地告诉对方:"对方要是今天出事了,对方家人也可以向你提起民事诉讼的,赔个十万八万的,你承受得了吗?对方有心脏病,你也体谅一下,为这么个小事吃官司太不划算了。"在姚莲花"连哄带吓"的调解下,两位老人都认识到了自己的不足,各退了一步。101 室的老人不再斤斤计较,102 室的老人也把车挪到了地下车库,僵持了一段时间的矛盾,就这么圆满地解决了。

　　社区工作中,很多时候民警碰到的都是些鸡毛蒜皮的事情,但是我们民警又不得不去解决。有时矛盾纠缠太深,就需要我们冷静下来寻找突破口。姚莲花的优势就在于自己是武警医学院毕业的护师,对常见的病症比较了解。因此,在工作中,姚莲花就把优势转化为工作的助力,为这家老人帮忙做做牵引,为那家老人帮忙量量血压。渐渐的,这个热心的姚姐就成了小区老人们的忘年交。

　　心系社区,是社区民警扎根社区的思想保障,而为社区探寻一条健康发展的路,则体现了社区民警对社区的挚爱。

作为武警部队的转业干部,姚莲花对"橄榄绿"一直有着难以割舍的情怀。长期以来在部队养成的军人气质,在姚莲花身上没有退化,举手投足间,都能看到军人身上那种自信与潇洒。在社区进行走访的过程中,很多人对姚莲花的军人气质产生了共鸣。不问不知道,一问吓一跳。整个民旺苑小区转业干部和退伍军人有 30 多人,很多人还是一个部队出来的战友。2015 年 8 月 1 日,在居委会组织建军节纪念活动时,姚莲花提议成立一个志愿服务组织,得到了同样是转业干部出身的居委会主任的大力支持,一帮子为人民服务热情不减的退伍老兵也踊跃参加。众人抬柴火焰高,"贤之兵"老兵志愿服务队就这样应运而生了。在民政局注册后,镇里的领导亲自来给这支独一无二的社区志愿者队伍举行了授旗仪式。从2015 年的那个夏天开始,这支志愿者服务队就出现在了小区。夏季入室盗窃案件高发时,老兵们穿上了迷彩服,组建了巡逻队,"散步就是巡逻",他们把晚上娱乐的时间献给了小区的安全,宁可自己多走几步路,也要给心怀不轨的人形成震慑;冰冻灾害来临时,他们又拎着水桶,把水一桶桶地送到因水管冻裂而不能正常生活的独居老人家里;严格群租房管理时,他们又化身一道道眼线,通过发现高低床、隔离板等物品,提供了一条条关于群租房的有用情况,为政府加强社区管理提供了准确信息。这群身着迷彩服,但是没有军衔的志愿者,在姚莲花的带领下,把自己对军队的爱,对人民的爱,无怨无悔地转化成了对自己小区的关爱。

在姚莲花眼里,自己就是民旺苑小区的守护者,但她也知道自己的力量有限。小区里面有很多热爱自己家园的人,有时,就是缺了一个带头人,缺一个契机。姚莲花在社区需要时站了出来,把热爱自己小区的退伍军人和转业干部拧成了一股绳,牵引着自己小区走向更美好的未来。有时社区工作就是这样,警力有限,民力无限,缺少的可能只是发现的眼睛。

感同身受,是社区民警调处纠纷时的有力抓手;而把生活的感悟,用到调解纠纷上,是姚莲花解决社区矛盾的经验之举。

作为一个拆迁户小区,居民们搬进了楼房,居住的条件改善了,但是晾晒衣物的地方却少了。有的住户为了方便晾晒衣服棉被,便在阳台上装了伸缩衣架。自己家倒是方便了,但是楼下的人可不满意了,因为晾衣服滴水滴到别人家衣服上或者身上引起的邻里纠纷不在少数。小区某号 401 室和 601 室的两对夫妻就差点因为滴水的纠纷打了起来,居委会多次调解无效,只能靠我们"姚大姐"当一回老娘舅。

姚莲花发现 401 室的工作不好做,因为这家女主人有洁癖,哪怕滴上一点点到自己家的衣服被子上,都觉得很脏,因此她不准对方把任何滴水的东西挂到伸缩衣架上,不然会继续找对方麻烦。相比而言,401室的男主人要求就低多了:"只要对方不被我老婆发现在滴水就行了,男人嘛,没那么多讲究。"601室的工作同样不好做。在电话联系对方,对方直接挂断电话之后,姚莲花只能亲自上门。借着开展防范宣传的名义,姚莲花敲开了601室的家门,对方知道这名和蔼的女警官是来说情的,气氛有点尴尬。姚莲花见对方有个女儿在家,便和对方攀谈了起来,一个劲地夸对方女儿懂事、漂亮。气氛就这样慢慢缓和了下来,姚莲花也向对方说明了来意。601室的女主人性格大大咧咧的,认为不过是件小事,哪家晾衣服不往下面滴水的。姚莲花想起了自己的两个女儿,就暂停了劝解,而是旁敲侧击地向601室的人家分享起自己两个双胞胎女儿的趣事来。姚莲花说道:"我有两个双胞胎女儿。姐姐非常不喜欢水果,家里的刀切过水果之后必须要洗三遍才能用来切菜,手上沾一点点水果的味道都不允许去碰她。妹妹则非常喜欢吃水果,她知道姐姐的禁忌,但是吃完之后老是喜欢去捉弄姐姐。姐姐气不过便打妹妹,两个人为此不知道闹了多少回别扭。后来还是我们大人作为第三方,给两人约法三章,姐姐不准打妹妹,妹妹不准去捉弄姐姐,谁违反了就负责打扫家里的卫生,两姐妹就再没有发生过矛盾。所以,你看,亲生的两姐妹都有不同的生活习惯,楼上楼下的邻居认识更是不一样。要不大家定个规矩,把这个事情解决了。"

说者有心,听者有意,对方的男主人也觉得有点道理,乘着自己老婆离开的间隙,向姚莲花悄悄说道:"我也知道我们不对,不该把水滴到人家衣服上。主要是我老婆觉得放在洗衣机里甩干和挂外面滴干的效果是一样,就想省点电费钱。再说在外人面前我总得力挺自己老婆是吧?在家里我还是说得上话的,我再劝劝我爱人吧。"姚莲花听完601室男主人的叙述,感觉到这个纠纷有了突破口。那就是两家的男人都能在自己爱人面前说上话,也好说话。第二天,姚莲花把两家的男主人叫了出来,坐到了居委会。谁知道,两人话一聊开后发现居然是同一家国企出来的,两人还是师兄弟关系。男人间谈话没有那么多顾忌,601室的男主人爽快地说,以后他家的衣服甩干一遍再挂出来,绝不影响楼下的。401室的男主人

听对方表态了，也很高兴，表示以后绝对不会再找对方麻烦。之后两个人肩并肩地喝酒去了，负责调解这个纠纷的姚莲花也终于露出了微笑。

"如果正义战胜不了邪恶,如果我解决不了这个难题,那将如何对居民交待?又如何在居民中树立威信呢?如果是那样的话,今后的工作将寸步难行。所以,今天我非得啃下这块硬骨头!"

巧啃硬骨头　铁汉亦柔情
——记杨浦公安分局五角场派出所社区民警傅维勤

文/俞　愉

啃硬骨头之一：无米也能为炊，巧建防盗设施

　　国定路 277 弄铁路新村是 20 世纪 80 年代建造的老式公房小区，它紧邻杨浦区最繁华的五角场商圈，地处宝山、虹口两区交汇的交通要道。小区共有 1760 户居民，在籍居民 1320 户左右，500 多户居民无户籍，外来租赁户多，人员往来复杂，治安形势严峻，技防设施陈旧，物业资金有限。为了将这个小区管好，傅维勤倾注了 20 年的汗水与心血。

　　曾经，铁路新村入室盗窃案不断，有的居民半夜会起床检查门窗是否被撬开，听到群众的反映和抱怨，傅维勤急在心头。他找到物业，希望他们能够出资修建物防。物业两手一摊：我们也没有办法，没有经费啊！他只好多方奔走，反复协调，召开各个层面的会议。终于通过"三个一点"的办法（街道出一点，物业出一点，居民出一点），筹集到了经费，在 2002 年为所有一楼居民安装了铁丝网。

　　一楼居民安装了铁丝网，二楼的居民自然更不安全了，需要在窗外安装铁栅栏，公共楼道部分也同样需要铁栅栏。这个建议一传达到居民这里就遇到了阻力："装了铁栅栏，我们不就像蹲监狱一样了吗？坚决不装！"还有不少低保户说："我们没有钱来装这个，正因为没有钱，所以我们也不怕小偷进来！"傅维勤只好一家家地做工作，说明安装铁栅栏的必要性，一批一批地动员，成熟一批，就先安装一批。至于经费，仍旧采取"三个一点"的办法来解决。

那么,公共楼道安装铁栅栏的经费从哪里出呢?傅维勤勤动脑筋,有了!他从废品回收站用低价回购了一批二手铁栅栏铁窗,通过再加工再利用,这些铁栅栏被用到了公共楼道和低保户的家里。

第一批居民装好铁栅栏以后,傅维勤发动群众说服群众,大家通过现身说法,相互宣传安装铁栅栏的好处。有一户居民原先坚决不肯安装,但是当第一批铁栅栏安装好以后,他家恰恰遭遇了窃贼。这个现身说法无疑给所有人敲响了警钟,很快所有的二楼居民都安装了铁栅栏。

在物防技术一点点改善的基础上,傅维勤觉得技防的不足也是一个很大的缺陷。铁路新村每年要发生"盗三车"案件十几起,导致不少居民不敢买自行车和电动车。物业既缺乏资金,他们的保安人员年纪也偏大,无法从根本上解决这个大难题。傅维勤不辞辛苦多方走访,沟通协调物业、居委为小区安装视频监控摄像头,但是经费短缺成为最大的阻力。

怎么办?怎么办?傅维勤头脑中整天在盘算如何解决这个棘手的大难题。在一次闲聊过程中,他敏锐地联想到:"广告公司、免费广告、免费监控摄像头,嘿,这三者之间能否发生联系呢?"他利用社会关系找到了上海海仪广告有限公司,对方答应只要能在小区里设置、出租广告牌,就可以为小区免费安装摄像头,除了使用权租借给小区物业以外,摄像头的维护、保养费用均由广告公司承担。

当傅维勤满心喜悦地把这个好消息告诉部分居民时,却被泼了一头冷水:"广告牌跟我们的日常生活有啥关系?竖着这么大的广告牌妨碍我们走路,不装不装!"傅维勤只好再次采用"四位一体"工作法攻坚克难,通过不断召开民警、居委会、物业、业委会工作例会,通报警情、社区共建治安问题,来统一思想,并通过不断地走访居民做思想工作,发动居民小组长共同宣传安装摄像头的好处,把工作做到了每一幢楼。20 天过去了,在保证所有的居民都没有意见之后,13 个摄像头在小区各个角落安营扎寨。监控设施的完善大大提高了整个小区的治安防控能力,为小区成功破获五角场地区系列入室盗窃团伙案件提供了有利的技术支持。今年 3 月至 8 月,成功抓获犯罪嫌疑人六人,许多居民说:"小傅做事情认真负责,有这样的警长,我们信得过,夜晚睡觉都很踏实。"

2016 年,小区里又安装了十个摄像头,案发率大大降低,傅维勤向"建设令群众满意的平安小区"又迈近了一步。

啃硬骨头之二:巧蹲点巧宣传,消灭群租现象

由于毗邻五角场商圈,周边饭店多、商场多,不少饭店租赁了铁路新村小区的房屋作为职工宿舍。近年来,随着商业的大发展,大批外来人口的涌入,铁路新村小区产生了较为突出的群租房问题,给社会治安安全、消防安全管理带来了很大的冲击,成为社区管理中令人头疼的难题。一间群租房内往往住有十多人,租客违法使用

液化气钢瓶,可燃物多、火灾荷载大。群租带来的主要问题是脏、乱、差:当大量租客使用楼道内设施时,诸如下水道堵塞的事时有发生,有时产生的大量生活垃圾招来了蟑螂、老鼠;群租客进进出出,人数众多,早出晚归易产生噪声,影响邻居休息。群租现象可谓年年治,但年年难治。

这几年,群租问题日益突出,老百姓把矛盾集中向傅维勤反映,但这不是公安一家就能解决的问题,还牵涉到房管、电力、市场监督管理等多个部门,面对这块难啃的硬骨头,傅维勤采取了逐个蹲点、一一击破的"笨"办法。

对于外来租赁户,傅维勤一家家地上门排摸,进行住户人员登记,针对那些不配合的租户,他则采取找工作单位解决的办法。据居民反映,某幢楼的底楼住户搭建了违章建筑,边门从来不锁,一个小房间里住了十五六人,存在着很大的安全隐患。傅维勤上门进行登记,里面的住客根本不肯配合,这些人员由于不断地轮班,每次总见不到相同的人。傅维勤马上又找房东解决问题,但是房东根本联系不到。后来再上门,这家干脆"铁将军"把门了。

硬骨头摆在那里,逃避和迂回不是解决的办法。傅维勤不间断地在各个时间段登门拜访,功夫不负有心人,十几次之后,终于撞见了一个住客,他穿着工作服刚刚下班。"火眼金睛"的傅维勤一眼就看清了工作服上印着的饭店名字。住客依然坚决不配合登记,没关系,有了工作单位,傅维勤顺藤摸瓜就找到了他们的老板。通过几次协调沟通,饭店和房东终于取消了租赁合同,解决了令人棘手的群租问题。

傅维勤通过"四位一体"工作法及时进行警情通报,发动群众进行居民自治,发现问题及时举报,对于群租问题要找到根源,一有苗子马上动手做工作。他找到了周边的房地产中介,宣传群租造成的社会问题,要求中介杜绝群租现象。

在傅维勤的努力下,举报群租现象的居民少了,但是随着社会经济科技的发展,"日租房"现象又开始出现。房东在网上招租房客,以家庭旅馆形式将房屋租借给租客。由于双方是网上招租,租住人员来历不明、极不固定,所以其危害性更大、管理上更加艰难。

傅维勤接到群众举报,某住户常有不同的陌生人员拖着行李箱进进出出。老革命碰到新问题,傅维勤便从房东这条线入手。他找到了房东,严肃地陈述了日租房的危害性:"已有不少案例证明,日租房极有可能成为在逃犯的藏身之处,也有案犯利用日租房进行违法犯罪活动。一旦你这里发生了这些事,你也须承担法律责任!"傅维勤晓之以理的一番话马上打消了房东的念头,他们即刻答应不再将房屋作为日租房出租。

为了维护无群租房、无日租房的战果,傅维勤严格管理,沉入社区,与居民、居委、物业形成了良好的互动沟通关系,以便及时掌握线索发现问题。就像傅维勤说的:"社区民警是姓'社'的,只有依靠群众,发动群众自治,才能做好社区治安管理工作。"

啃硬骨头之三：多方取证奔走，正义战胜邪恶

2011年10月的一晚，一声惨叫划破了宁静的小区。原来小区楼道采用的是声控感应灯，居民上下楼时为了灯亮经常用脚重重地跺地。住在一楼的居民杨某认为此举严重影响了他的休息，积怨已久。这次他冲出家门与一位上楼的居民发生口角，继而产生肢体冲突，最后竟用家中的红缨枪刺伤该居民的左臂，随即潜逃不知所终。接到报案后，傅维勤在第一时间赶到现场，果断地对杨某实施网上追逃。

杨某是傅维勤登记在册的精神病人和有吸毒前科的重点列管对象，他没有工作，仇视社会，性格孤僻，喜欢以暴力解决问题，极少与外人接触。傅维勤曾多次找他交流，做其思想工作，没想到这次他还是在冲动之下伤了人。傅维勤等待时机，相信杨某一定会再度出现。

终于在2012年，傅维勤得到消息，杨某因放心不下老父，偷偷回到了家中。傅维勤迅速布控，将他带到派出所。杨某说："我以后再也不冲动犯事了，希望警官能帮帮我，给我一次重新做人的机会。"傅维勤经过与受伤的沟通，调动周边居民、居委会干部通力合作，终使双方达成协议，杨某赔偿受伤者医疗费并致以道歉。此事结束后，傅维勤本着"多跨一步解民忧"的宗旨，积极联系居委就业协管员为杨某介绍工作。杨某重新走上了社会，成为一名保安，

生活得到了改善。

一个"浪子回头金不换"的故事本来可以完美地画上句号了，但是平地风波又起。杨某是一个孝子，其父病故后，他的精神状况日益不佳，因为动手打人又丢掉了来之不易的工作。他家藏十几把尖刀，将房门用铁皮封起来，邻居在他门口讲话，他就破口大骂。小区里车子路过摁了几下喇叭，他就把人痛打一顿，造成伤者多处骨折。他骂过的、打过的人数不可数，周围的居民由于怕报复，敢怒不敢言，有的居民不得已之下甚至因为他而卖房搬迁。

居民把问题集中反映到了傅维勤这里，有的居民说："杨某是一个流氓、无赖、阿飞，你再不帮我们解决问题，我就去找市委书记韩正！"傅维勤义正言辞地回答道："我管辖的小区决不允许出现流氓、无赖、阿飞，我一定要解决这个问题，这块硬骨头我一定要啃下来！"

这里的居民大多年老体弱，他们只能做到惹不起躲得起。看到群众以异样的眼光看着自己，傅维勤感到肩上的担子很重，如果正义战胜不了邪恶，民警的威信从何而来？自己今后的工作又如何开展？

为了替百姓除掉这一"恶霸"，傅维勤开始了漫长的取证之路。他多方打听，多方奔走，积极寻找证人，发动群众提供线索。很多群众怕提供了线索，杨某得知之后会加害自己，都不敢举证。傅维勤不断做思想工作，打消大家的顾虑，最后收集了大量的人证物证，积累了厚厚的案卷。

当大家看到傅维勤用手铐将杨某带走的那一刻,都松了一口气。"我看着大家的眼睛,没有说什么,这就是我对居民无声的交代。"傅维勤说。

最后,杨某因寻衅滋事罪被判刑一年零九个月。出狱后,杨某离开了这个小区,他表示自己"几进几出"受够了罪,今后再也不敢犯事了。

啃硬骨头之四:勇敢擒获"小贼",力保一方平安

今年上半年,铁路新村小区发生了一系列蹊跷的盗窃案。几家住户家里反复遭窃,每次失窃金额都不大,但令人奇怪的是,每次遭窃后,家里的零食、饼干、酸奶等食物总会被翻得一塌糊涂,并被吃掉不少。窃贼不定期的光顾弄得人心惶惶,迟迟不破案更是引发百姓的怨声载道。

杨浦分局夏季整治"盗抢骗"专项行动开始了,五角场派出所要求全体社区民警利用周四晚间下社区期间,携带单警装备,穿反光背心,亮肩闪警灯,切实提高见警率,力争破获侵财性案件。

8月4日,周四,晚上七点二十分左右,傅维勤带领群防群治力量在小区巡逻。行至17号附近,有信息员向傅维勤报告称刚刚看见有一可疑人影在104室围墙外徘徊,转眼间人影就消失了。

傅维勤立刻奔到围墙外,只见屋内漆黑一片,但是有手电筒照射的亮光。傅维勤立即安排治保力量前后围堵,并电话联系所里综合指挥室派人支援。

五分钟后,一个男子慌慌张张从楼道口走出。

"谁? 站住!"傅维勤大喝一声冲了上去,一把扭住了他。

傅维勤认出这是小区的重点帮教对象李某。

"李××,你不住在这里,来干什么?!"傅维勤厉声问道。

"我……来找人……"李某支支吾吾地回答。

"这里居民的名字我都背得出,你找谁?!"

"找……我找谁关你什么事?"

面对傅维勤的进一步盘问,李某神色紧张,几次妄图逃跑,但是被傅维勤和迅速赶到的增援力量制服。

经审讯,李某对这次攀爬围墙入室盗窃供认不讳,同时交代了从 2015 年 4 月刑满释放后至今实施的四起入室盗窃。犯罪嫌疑人李某承认他此前利用一些粗心的住户将钥匙留在门上的机会,取得了钥匙,然后反复入室盗窃。单亲家庭长大的李某存在一定的心理疾病,只要一段时间不小偷小摸,他就浑身难受,像得了病一样。尽管涉案金额不大,但是李某还是被刑事拘留。

当居民得知罪犯落网,都大大地舒了一口气。"今后总算可以太平睡觉了! 谢谢你啊,傅警官!"

"通过打击犯罪,民警的威望就能够在百姓中树立,百姓对民警就能够发自内心地信服，"傅维勤事后提到此事时这么说道，"还有什么比得到老百姓的肯定和感激更重要的呢？我们再苦再累，只要能对居民有一个称心的交代，就心满意足了。"

谈及家庭：铁汉亦柔情

"我的家庭没有什么好说的，很平常的，"当谈到家庭时，傅维勤非常腼腆，"我和老婆1997年结婚，我们没有长辈可以帮忙，为了支持我工作，老婆就辞职在家带孩子照顾老人。"

孩子小无人带，85岁的老母亲瘫痪在床，每天要买菜送菜前去照顾，丈夫每天早出晚归，妻子为了支撑这个家庭，默默付出，当了八年的"住家保姆"。

50多岁的傅维勤自己身体也不是最好，颈椎病屡屡发作，需要开刀治疗，但是他根本没空停下来。做了十几年五角场社区民警值班长，现在一天要接三四十个案子，情况都很复杂，处理起来非常棘手。很多案子均在半夜发生，晚上八点开始值班，零点能够睡觉就是非常奢侈的事了。

有时候和朋友聊到马天民，傅维勤说："马天民那个时代的民警真是太幸福了，他的工作比现在单纯多了，条线容易理顺，只要做好居民的贴心人就可以了。现在我们的工作实在是太复杂了，要用各种各样的手段处理各种各样的问题，不断摸索不断实践。现在的居民法律意识大大增强,所以民警的执法理念也要跟上时代的发展。民警是一方的执法官,要刚毅正直,有耐心有毅力,做到'一警多能',善于攻坚克难,善于做好群众工作。"

　　傅维勤对于儿子的教育很上心,工作忙归忙,孩子需要上的辅导班,傅维勤总是风里来雨里去地接送。提到儿子,他的心变得十分柔软:"按照儿子的成绩,是可以考华东政法大学的,但是他看到我工作这么辛苦,便打消了从警的念头。"

　　"培养孩子是一种付出,付出了之后,我带着欣赏的眼光看孩子

的成果。我们养儿不是为了防老，是要他做一个对社会有用的人。我们现在对长辈的态度、对工作的热情是在给孩子做一个榜样，我们不要求孩子回报什么，只要他能做一个正直善良的人就可以了。"傅维勤的育儿理念非常感人，铮铮铁汉露出了他柔情的一面。

　　傅维勤的笔记本里夹着一张泛黄的信纸，他把它随身携带。这是一位90多岁的老太太写给他的感谢信。老太太的儿子不善待老人，坚持要将她送进敬老院。老太太不愿去，但是儿子根本不听，老人无奈之下便找到了傅维勤。在傅维勤的协调帮助下，老人终于完成了在家养老的心愿。

　　"当时，90多岁的老太太向我鞠了一个90度的躬，她戴着1000多度的近视眼镜，给我写了一封感谢信。"傅维勤说到这里有点伤感："老太太去年去世了，这封信我一直珍藏着，退休以后看看会很感动的……"

火箭村是浦东新区有名的"城中村",人口"倒挂"严重,治安形势复杂,社区民警盛峰大力清除消防隐患、整治无证网吧、推广智能防盗,打出了一套社区警务组合拳,使辖区治安状况大为好转。

火箭村来了位"盛警官"

文/孙建伟

一

　1.3 平方公里的火箭村位于浦东横沔的心脏地带。心脏中的台资电子代工企业昌硕科技（上海）有限公司相当于横沔的主动脉。昌硕公司号称"全球五大笔记本电脑生产企业之一"，厂区大门口长年悬挂着巨幅招聘广告——"昌硕免费直招中心"。其直接结果是带来了公司及周边人口的井喷式增长。八万人是常态，到了七八月份的招工旺季，最高峰时 11 万人还打不住，日均逾千人，一年内有逾 55 万人次进出公司。

　2016 年 6 月 16 日，上海迪士尼乐园盛大开园。园区西大门与火箭村仅一步之遥。迪士尼旅游度假区引发火爆商机，宾馆、休闲、娱乐、餐饮、购物等一批配套设施相继落户横沔。单说宾馆、旅馆这一项，就由 2014 年的 29 家骤增至 50 家，包括万豪、淳大万丽等 10 余家星级酒店相继动工，一批民宿投放旅游市场，大批演职人员和游客入住横沔地区。

　一个是业内高科技翘楚，一个是全球最具影响力的娱乐业大拿，光鲜亮丽，这边风景独好。但在浦东公安分局横沔派出所火箭村社区民警盛峰的视线里，这种叠加效应蕴藏着衍生的危机。原先有昌硕公司密集用工模式带来的颠覆性人口爆炸，社会配套资源供给严重短缺，滞后的社区服务繁殖着大量"黑色"盲区，如今再加上大型商业旅游度假区引爆的地域性人气，集群效应的商业开发，周边一哄而上的消费经营,辖区实有人口突破 20 万,不安定因素大增,区域治安形势面临严峻挑战。

8 月中旬,高温灼烤下的迪士尼人气斐然。游客刘先生在向"黄牛"李某购买门票时发生纠纷。李某心怀不满,当晚 10 时许,他纠集一伙人在康桥镇川周公路伏击刘先生,动手殴打,致使刘先生眼部受伤。承办此案的盛峰迅速调取证据查明案情,随即展开侦查。李某等人早已隐匿起来,盛峰佯作冷却,其实一直暗暗追踪着。就在国庆长假的第六天,李某被抓获,在受到法律惩处的同时赔偿被害人刘先生相关损失费 8600 元。获知破案消息后,远在河南老家的刘先生特地制作"人民好警察"的锦旗快递到横沔派出所,感谢盛峰。

此等案子对盛峰来说稀松平常,算不得什么。这三年的火箭村社区警务才是硬碰硬、实打实的考验。

2013 年 6 月 24 日,盛峰由宣桥派出所调至横沔派出所,报到时,所长李伟拍着他的肩膀对他说:"小盛啊,你是十年的老社区民警了,又当过责任区警长,有丰富的社区警务经验。我就给你压个担子,把'最难啃的骨头'——火箭村交给你吧!"

盛峰边听情况介绍,边暗自倒吸冷气。李所把它称为"最难啃的骨头"丝毫没有夸大。人口"倒挂"是这块"骨头"的最坚硬之处。超过 20 万的实有人口中,户籍村民仅 1400 余人,其中未拆迁原住民不足百人,也造就了一顶"区级城中村"的帽子。这顶帽子可不是随便戴的，必须符合它的规格，其中有个硬件，叫做"社会治安突出问题重点整治区域"。

走进火箭村，盛峰更傻眼了。村民们的宅基地、自留地、承包地上，形状各异的违建屋可算另一种"鳞次栉比"，横七竖八，混乱不堪。再看那些造房的"建材"，简到极简，甚至连泡沫夹芯板都有。屋子里，网吧、浴室、饭店、中介……啥都有，吃喝拉撒全在里面。抬头望，电线、网线、电话线蛛网一样交织，天空因为这些乱糟糟的线条更显混沌灰暗。村内道路被挤兑得令人窒息，别说大型消防车，连私家车都很难开进去。盛峰想起了2013年初上海农产品批发市场的那场大火，六条鲜活的生命灰飞烟灭。当时他作为增援民警到现场组织疏散，悲伤和死亡的气息让他透不过气来。眼前的火箭村，如此狭窄的小道，一旦发生火灾根本无法疏散，让他深感惶惑。那就从清除消防隐患下手！他一家家走访村里各经营单位，检查消防设施，铁面一张，该整的整，该改的改。盛峰后来回忆那时的情形说，在这个地方，有时你必须拉得下脸，性命交关的事留不得情面。同时把老板和员工组织起来培训，传授消防知识，组织消防演练，力争每家每户都会使用灭火器材。

2014年，根据浦东新区区委组织部的统一部署，盛峰兼任火箭叠桥联合党支部副书记。走马上任，民警村官"盛书记"又获得了一个新平台。他把村委会的行政管理和村民的自我管理牵起手来。盛峰知道，要在这个违建丛生、人居杂乱的地方普及消防知识，就必须提高人们的参与意识,把消防变成他们的自觉行动。他协调康桥镇安全办、综治办和分局消防支队,由村委会辟出专项资金 10 余万元,在自然水道旁设置三处消防取水点,并在村里主要道路上安装消防栓。村内所有经营场所都配置了灭火器。此事在外并不新鲜,但对火箭村来说还真是头一遭,村民们纷纷感叹,消防原来就在自己身边。盛峰的倾情付出获得了双重回报,村民都掌握了灭火技能,三年来火箭村未发生一起火灾事故。他还拥有了一支由 52 名户籍村民自愿组成的社区巡防自治队伍。有了这支队伍,盛峰更加耳聪目明了。

村里高发的警情也得到了控制,报警数一年减少了 300 多起,盗窃财物、盗"三车"、电信诈骗等案件持续下降,就连纠纷类案件也随之减少。安全感满意度一高,村民们跟这位盛警官的心贴近了,你看他跟我们一样土生土长的脸,他一开腔,跟我们说着一样的本地话。后来,不少租住在火箭村的经营业主和外来务工人员也争着要加入到盛书记的巡防队伍中来。

那天我随盛峰一起去村委会,书记曹峰说,我们两个人的名字里都有个"峰",真是有缘分啊!自从他来这里当了副书记,样样管,村里治安情况好转不少,所以我叫他"小政法书记"。但有桩事体大家都觉得盛书记"不上路"。2016 年上半年村委会组织部分优秀干部活动,照理他要一起去的,大家都准备敬上盛书记几杯酒,可是出发那天他却突然失踪了,只是在微信群里留言:"我这副书记是为大家办事的,大家伙儿的信任就是敬我最好的酒了。"嗨,你看看他这人。

二

警车在逼仄泥泞的小径上艰难地行进着。好不容易拐过一个弯,盛峰稍稍偏过头来对我说,我第一次开车到这里出了一身冷汗。你看,那一片是上个月刚拆的违建,六队七队还有一大片。

我前往采访那天正是第 22 号台风"海马"逞威之日,风雨交加。然而,风雨中的火箭村依然飘荡着熟悉而呛人的烧烤味,哦,是烤羊肉串,还有拐弯抹角飘逸出来的爆炒味、辛辣味和各种混杂的味道,红火得很。

警车在一家网吧前停下来。盛峰带着我进去,老板站起来,连声说盛警官你来了。盛峰微笑着跟老板打招呼,然后拿起放在电脑旁的一块小牌子对我说,这是"PUBWIN"(帕博维)身份上传系统。

这个"帕博维"是个什么东西?盛峰说,这是一个监管软件,上传系统含有公安部认证的快证通扫描仪,可以实现上网人员和上网信息的"全覆盖"监管。为什么要"全覆盖",因为之前这里的持证网吧仅六家,无证"黑网吧"却有 50 余家,"李鬼"多出"李逵"九倍。

当时查封取缔力度很大。火箭村无证网吧业主们私下里议论,新来的社区民警盛峰做事体"辣手",一个月就关掉了三家。所以远远看见他就来个大门紧闭,任你怎么敲也不睬你。风头一过继续开张,还玩起了捉迷藏,明的不敢来暗的。废旧仓库、民宅前店后网,违法成本低廉。你前脚处置,我后脚回潮。可谓管不胜管。

网吧市场为何如此火爆,主要还是大量外来务工者,他们群体落户火箭村,平时像机器一样"铆"在自己的作业位置上,低消费的无证网吧对他们来说既是休闲娱乐场所,又是能带来些许安慰和放松的特殊栖息地,所以有的网吧门口竟出现了高峰时排队等候上网的消费"奇观"。

盛峰开始反思,这种"禁而不止,欲禁无从"的状态使自己疲于应付,却又无法获得理想效果,要创新政府管理方式和治理能力,必须在"治"上下功夫。他想到了在浦东新区率先开展改革试点的"证照分离",也想到了大数据。以大数据思维采集网吧所涉信息,然后为我所用,同时达到有效整治的目的。他把自己苦思了好几天的想法向所领导作了汇报,所领导从创新警务模式的角度给了他支撑,鼓励他大胆尝试。

有了底气后,盛峰召开了第一次火箭村无证网吧业主会议。为了达到预期目标,他先一家家地跑,足足跑了三天。一些无证网吧对盛峰偏见颇深,有所呼应的仅有八家。沮丧归沮丧,但弓已拉开就没有回头箭了。盛峰就带着这八个业主去正规网吧,看人家如何管理经营,如何更新机器、安装视频监控、搞好治安消防,一个都不能少。他告诉这八个业主,如果你们想赚钱,必须按这个路子走。

一段时间后,那八家网吧面貌翻新,生意火爆,引得平日里躲着盛峰的无证网吧业主们前来打探。三个月后,盛峰第二次召开会议。这一次,不用他跑,大家齐刷刷地都来了,成效显著。人气上来了,盛峰决定走"群"众路线,先建群当群主,名为"火箭村公共上网微信平台",把所有无证网吧业主拉进群里。业主们发现,群里的盛警官并非铁面一张,其实也蛮"萌"的。平台面前人人平等,一沟通一交流,业主们心态好多了,原来盛警官真的是在为我们着想,看来《治安管理承诺书》还是要签的。

　　当然,也有个别"不作不死"的。

　　2015年6月25日上午,盛峰带着小储小蔡两位同事进入火箭村639号无证网吧进行治安检查,网吧店主潘某、黄某等人又是抢夺他们的手机,又是拉扯推搡,妨碍执法。这招不行,潘某还玩起了自伤自残,把头撞向地面,企图逃避处罚。盛峰他们上前制止,潘某耍泼抓挠,导致盛峰等多处轻微伤,受到严惩。事后查明:2014年10月至2015年6月,犯罪嫌疑人潘某经营无证网吧,非法收入达60余万元。

　　无证网吧整治按着盛峰的预案有序推行。网吧实名制登记率达到百分之百。每月一次的治安通报例会,透明公开公正,谁都不许打埋伏。

　　疏的同时必须堵,新开的网吧要控制,整改不到位的坚决取缔不留情。无证网吧大大减少,由此引发的警情也直线下降。

大数据思维使盛峰在无证网吧的管理上独具一格。2015 年 11 月,横沔派出所向浦东分局网安支队推送了盛峰在无证网吧管理上的成效。盛峰认为,要把成效变为长效,从源头上掌控信息是关键所在。截至 2016 年 9 月,已有 27 家无证网吧安装了帕博维身份上传系统。该系统也成了横沔所的治安动态网、防范宣传网和线索征集网。2016 年 6 月 13 日,浦东公安分局在横沔所召开"无证网吧管控工作会议",推广经验。7 月 30 日,市公安局副局长曹忠平批示认为这一方式值得研究。8 月 3 日,浦东新区区长翁祖亮批示:证照分离后,如何做到放管结合,横沔所的网吧管理新模式,立足于源头管理,值得总结和推广。目前,帕博维身份上传系统已推广到整个横沔地区。

帕博维就像雷达,随时探照着滋生在网吧里的龌龊沉滓甚至不法犯罪,公安工作成效显著提升。而在"火箭村公共上网微信平台"上,盛峰会及时向业主发出网吧治安提醒,业主也会通过探头记录发布流窜网吧的嫌疑人图片,等于一个微型通缉令,盛峰也多了一双眼睛。2016 年以来共抓获违法嫌疑人 30 余人,逃犯三人,网吧内盗窃警情逐月下降。

2015 年 7 月 24 日凌晨,汤巷雅苑张女士慌慌张张来派出所报案:当日一点三十分左右,她下班回家,一人乘坐电梯到达十楼,走到自己家门口,刚拿出钥匙准备开门,身后突然蹿出一名陌生男子掐住她的脖子,用刀顶着她的腹部,把她强行拖到楼梯口的安全通道,抢走她的拎包后逃逸。

接报后,横沔派出所即会同刑侦部门展开调查,通过小区视频监控锁定了一男一女两名犯罪嫌疑人。对视频截屏的犯罪嫌疑人穿着、外貌、年龄特点进行分析后,专案组推测两人一定会在周边网吧再次出现。果然,案发后 14 小时,盛峰在火箭村一无证网吧内发现线索,通过帕博维及网吧内视频回放,嫌疑人身份基本确定。郭某、祝某均为 20 岁外省市来沪人员,居无定所。查阅两人上网记录,专案组推定他们的首要落脚点就是无证网吧,随即布控蹲守。案发后 18 个小时,也就是 7 月 24 日傍晚 18 时,郭、祝两人果然再次到之前上网的那家网吧上网,被当场抓获。

以技术手段排摸定位无证网吧,实施上网人员数据"过程监管"的精细化管理模式,成效果然明显。

三

近年来,浦东新区盗窃"三车"案件始终处于高位,这类犯罪面广量大,打击成本高,破案率和防范效果却相对较低,关键是追赃难。说起来似乎有些鸡肋,可这事直接影响群众的安全感满意度。辖区内盗车案频发,盛峰也深感头疼。

2015 年 9 月,经过大数据实战应用平台分析研判,由浦东分局治安支队牵头,周浦和周东两个派出所率先以"政府购买服务"模式公开招标"电动车智能防盗系统"安防工程。

2016年3月7日起,横沔地区借鉴周浦模式,委托第三方公司安装电动自行车智能防盗系统,由政府出资,为辖区居民免费安装。车辆如被盗也由第三方公司负责找回,如交纳15元保险费,车辆被盗找不回,该公司将赔偿居民损失。此举让居民真切感受实惠、安全、满意。在盛峰的努力下,村居委和企业都可以直接安装智能防盗系统。短短半年,火箭村已安装342辆,安装率达到百分之八十以上。盛峰说,他对这个结果不太满意。他一家家地跑,想把好事办好,也要磨嘴皮子,有人不领情,也有人说风凉话。盛峰见得多了,都无所谓,可一旦你的车没了,急得双脚跳,为什么还嫌麻烦,在乎这区区15元呢?当然他不会当面这么跟村民说,他说还是我宣传不到位,让人家听得进去也是一种能力的考验。我的目标是努力补齐这近百分之二十的空缺。

智能防盗系统安装后,横沔地区被盗电动自行车破案率和追回率都有了大幅提升,盗车高发势头被遏制。村民见到盛峰,都说这东西好。

2016年3月11日八时许,李先生一觉醒来,发现停在自家门口的新大洲电动自行车没了。但他并不着急,因为几天前他是第一批在派出所安装GPS防盗芯片的村民之一。

民警接报后,立即向安装单位查询被盗电动自行车的行动轨迹,发现车辆行驶至北蔡镇卫行村附近后丢失信号。翌日17时许,民警发现被盗车信号再次出现在监控区域,立即出击,在华夏路查获被盗车辆,并发还李先生。

李先生很感慨:"这个追踪器好,我车子被偷,32个小时后就找回来了,真是神速!"

就在李先生被盗车辆查获的那天,汤先生也在横沔所安装了GPS防盗芯片。

一周后,汤先生将电动自行车在火箭村棋牌室门口停放了一个多小时,出门时眼睛瞟去,心爱的坐骑跟他不辞而别了,他心里宕着拨通了"110"报警电话。

第二天凌晨一时许,民警根据车辆行动轨迹,在周浦镇南八灶街某青年公寓将两名犯罪嫌疑人何某和周某当场抓获。审讯后战

果扩大,破获盗窃电动自行车案件三起,捣毁盗、销窝点一个,追回被盗车辆三辆,挽回群众损失近一万元。

临近采访结束,经过秀沿路和康新公路沿线时,盛峰说,原先这一片两万余平方米的大型违建拆掉了,还包括 800 余套群租房和小加工厂。那一阵,我脑子里整天是怎么疏导劝离违建业主,怎么维持拆违现场秩序……

如果脱下警服,你看不出盛峰有多少威严,甚至还有点憨态。但他说,该严的时候必须严。在火箭村,我是丝毫不敢怠慢的。对一些胡搅蛮缠的人,必须让他感受到警察执法的权威性。这绝对没商量。当然社区警务的主题还是服务,服务到位了,群众就会信任你,理解你,还会帮助你。就像我们村里的志愿者巡逻队,既是我的眼睛和耳朵,也是我的后盾。

通过国家二级心理咨询师考核的他,在社区创立了"心灵驿站",并以之为载体,化解社区居民的"堵心事",让社区居民心安气畅……

社区心理咨询师
——记黄浦公安分局五里桥派出所社区民警姜铁竹

文/劳 杨

1

俗话说"不是一家人,不进一家门",他走进的是"蒙门"。

"蒙门"是蒙自社区的爱称,姜铁竹是蒙自社区蒙自居委会的社区民警。自从2009年当了社区民警之后,他就没有离开过蒙自社区,一心做定了"蒙门"人,他的微信名叫"蒙童",他的微信公众号也名为"蒙里门外"。

蒙自社区的居民没有一个不认识他,没有一个不认同他,因为自姜铁竹来了此地之后,他就与他们之间建立起了一种情同亲人的信任。在这里,且不说针对老式公房的防范,包括安装高清探头、加固门禁和防盗窗,包括开展预防电信诈骗宣传,也包括控制吸毒、精神病人等高危人群,有效地遏制了以往多发的入室盗窃案以及电瓶车失窃案,同时也形成了"多一双眼睛、多一份警觉"群防格局,这里就说说由姜铁竹创立的"心灵驿站"工作室,就说说蒙自社区居民从他那里获得的安全感和亲和感。

2

进得"蒙门",进得蒙自居委会,走进最里面的一个私密性较强的房间,就是"心灵驿站"。

这个"心灵驿站"是他在2012年初春时节创立的。其时,姜铁竹刚刚取得国家二级心理咨询师证书,他分别向派出所领导和居委会书记、主任提议,能否设立这样一个空间,让那些需要心理援助的居民来这里倾诉、宣泄,帮助他们消除和缓解焦虑、紧张等不良情绪,排除心理障碍。派出所领导明智,当即拍板,好!创立一个"心灵驿站"工作室,看上去似乎与社区警务工作无关,其实,仔细想来,这也是社区管理协调、社区服务提供、社区矛盾化解的创新举措之一,也是一种"智慧治理"。再说居委会书记、主任,她们就此事向街道党工委领导作了汇报,街道党工委领导一听,也说,大好事!要提高社区管理的科学化、系统化水平,促进社区平安建设,就要推动理念、制度、机制、方法创新。关注百姓的心理健康、消除潜在隐患也是社区管理中为民情怀的一种体现。

蒙自社区"心灵驿站"工作室挂牌那天,派出所所长和街道党工委副书记专门前来揭牌,不少社区居民也闻讯前来看了个新鲜。一传十、十传百,整个蒙自社区的居民都知晓了每周三、周五下午姜铁竹会在这里"坐堂",平时还可以预约。

3

眼下,一个年近古稀的张老太正站在居委会门口,踌躇不前。

时值严冬,寒风凛冽,张老太的一头白发被吹得十分凌乱,就像她此刻纷纷乱乱的心情:她不想活了!可她牵挂着身边唯一的孙子,却狠不下心来……

他认识这个张老太,是在街头摆摊卖油墩子的。她有退休养老金,为什么还要做卖油墩子的小生意呢? 就算不得已做了卖油墩子的小生意,又为什么会在突然之间想到死呢? 家家有本难念的经,他百思不得其解。

张老太一把鼻涕一把泪地说开了。

张老太有一子三女、一套房子。因为考虑到儿子成家需要婚房,她把仅有的一套房子给了儿子,自己则与本社区的一个老头成了"家",栖身一间门卫室里。让张老太万万想不到的是,儿子不久就离了婚,自说自话就把房子卖了,拿了钱走人,说是去外地做生意,什么也没给她留下,就留给她一个小孙子。她认了,可三个女儿却不认她了,尽管都已出嫁,但都怪她偏心,与她断绝了来往。她的养老金微薄,而尚在年幼的孙子不仅需要抚养,还要供他上学读书,都是开销,她想来想去,就去摆了摊,煎油墩子、炸臭豆腐……假如没有后来发生的事情,日子也过得平平安安的。可是,远在福建的儿子一天突然给张老太打来了电话,说是公司的资金周转不过来,要向母亲借点钱。尽管儿子多年未联系她了,她还是把自己这些年来积攒的五万元钱打给了他。过了一段时间,儿子又来电说这点钱不够,恳求母亲再想想办法,无论如何要帮他渡过这个难关。她犯难了,自己再也拿不出钱来了,唯一的办法只有去借了。她在这里已经住了 40 多年,此前还做过居委会工作,这点面子邻居总是会给的。东拼西凑，凑了 10 多万元，她又打给了儿子。原以为该没事了，不料一个月以后，传来一个让她魂飞魄散的消息，儿子说他得了绝症，需要立即动手术，必须支付 20 万元手术费用。她欲哭无泪，她还能去哪里筹钱？有邻居介绍说，借钱的地方是有的，但利息高。她的眼睛亮了，只要能够救儿子一命，利息再高也得借啊！又给儿子打去了。两个礼拜的时间一晃而过，儿子总算出院了，那都是儿子在电话里对她说的。作为一个母亲，她应该开心了，不不，她开心不起来，因为儿子又说还需要后续治疗费用，否则前功尽弃。按照儿子的要求，她再去借 30 万元，可旧账未清，人家哪里肯再借。没奈何，她让同居的老头出面，一起立下了借据……先后借了 80 多万元，统统打给了儿子。可自此以后，儿子就再也没有消息了。到了年底，法院带来了他儿子的消息：他因诈骗罪被判了无期徒刑。一个晴天霹雳！80 多万元借款，还不包括利息，让她一个 73 岁的老太怎么还？债主们都上了门，骂她、咒她，还往她被褥上泼水，现在，留给她的只有死路一条了，她说她罪有应得……

姜铁竹一边听，一边在心里骂那个儿子"畜生"。等到老太说完了，轮到他说了，他开导老太说，你没有罪，罪在你的儿子。你想一死了之，但是，你要晓得，你的孙子还在，人家可以找他，你让他怎么办？他之所以这样说，是为了打消老太轻生的念头。这一招果然管用。张老太说，我也不想死，可我还不出钱，逼也要给人家逼死的呀！姜铁竹安慰她说，我来帮你想想办法看。

姜铁竹召集借钱给老太的 10 多个人,开了个通气会,先晓以利害:她也是受害者,不要把她逼到无路可走,如果她一了百了,最后的损失还是你们自己的;然后,敲定解决途径:通过法律诉讼程序,决定怎么还款。最后,经法院民事调解,明确了三个原则:其一,老太每月的养老金,扣除生活费用后,其余作为还款;其二,按照借款先后,先借先还;其三,高利息借款的,只还本金,不计利息。到了这个地步,这已经是最好的结果了,所有人没有话说,只有祈愿老太健康长寿……

心理支持加上法律支撑,张老太终于能够直面人生了,她还是坚持每天出摊卖油墩子。不过,因为孙子以及其他人在"大众点评"上不断给予好评,就有了"老太太油墩子"这个品牌,她也因此成为了"网红",眼下,要买她的油墩子还得排队呢!

4

这次来找他的是一个李老头,愁眉苦脸,说的是儿子小李的事情。

小李已经 40 出头了,成天不出门,在家里只做两桩事情:抽香烟、看手机,如果父母说他几句,惹恼了他,他就会发脾气,甚至动手打人。若是说从前,小李可不是这样的人。高中毕业后,去当了兵,在部队里入了党,复员后,先是做了运钞车押运员,大概是觉得辛苦,跳了槽,当了一家楼宇的保安,但没做多久,与人发生争执,辞了职。在此期间,小李也经常与以前的同学、一起复员的战友碰头,但渐渐地就疏远了,这些朋友中有的当了公务员,有的在国企提到了中层,有的当了老板,不是朋友看不起他,而是他自己觉得没脸面,就此窝在了家里……

姜铁竹觉得小李有一种抑郁倾向:易激惹。不过,不好直接问的,于是含糊其辞地建议说,是否带他去医院看看。老头这才吐露,曾经带儿子去精神卫生中心看过,后来,小李就死活都不愿去了。

姜铁竹上了门,他要去亲眼看看,掌握社情民意本来也是一个社区民警该做的事情。一推门,一股浓烈的烟雾就扑面而来,正倚靠在床上的小李看见民警,立即起了身。他说,我来了解了解你的工作情况,小李也没有隐瞒已经辞职的事实。看见小李有这样的反应,他稍稍放了心,一回头,看了看那个母亲,她的脸上分明有着淤青,便问,怎么会这样?那个母亲瞥了瞥儿子,没有作声。他又问小李,是你打的?小李忙着辩白说,我就推了她一下。姜铁竹本来就不想在“推”或“打”上进行理论,他要解决的不仅仅是一个家庭和谐的问题,更主要的是要利用自己学得的专业知识,帮助面前的对象走出心理阴影。于是,姜铁竹就推心置腹地说,没有工作,心情不好,能够理解,但是,也不能拿自己父母出气,是不是?小李连连保证,不会,不会,我再动手,你就把我捉起来。姜铁竹说,你当过兵,又是党员,条件这么好,为啥不出去工作呢?小李说,我还想休息一阵。姜铁竹说,那你给我一个期限。小李说,一两个月吧。姜铁竹知道,小李并没有谈出心里的真实想法来,不过,毕竟是第一次见面,不可能一下就突破他的心理防御,眼下,能够交流到这个地步就已经让他十分满意了。临走前,姜铁竹特意关照了一句,大家都是男人,讲一句男人之间讲的话,做男人是要承担责任的,你说对不对?小李连连点头,对,对!

说着,一个星期就过去了。那天,老李又来找他,脸上的皱纹比先前舒展了许多,儿子好多了,他一进门就对姜铁竹说。老李开心,他也开心。

第二个星期,姜铁竹又上门去,家里的烟味淡了,小李的状态果然好多了。姜铁竹问,你平常出去走走吗?小李摇摇头。他必须把他"赶"出家门去,就对小李说,你不能把自己封闭在家里,要多接触社会,多与老同学、老战友联系。小李定定地看着他,姜铁竹知道他有顾虑,趁热打铁地告诉他,据我所知,不是人家疏远你,而是你疏远人家,不相信,你与他们联系联系看,他们保证会讲,哪能啦,侬阿是白相失踪啊?小李禁不住笑了。姜铁竹又接着说,联系上了,与他们说明情况,托托他们帮你寻份工作,你总归要成个家的。曾经黯淡的眼神亮了起来,那颗封闭的心灵终于被打开了。此后,姜铁竹每隔两个星期就上门一次,随便聊聊,他满心希望有奇迹在这里发生,至少也应该有一个良好的开端。

三个月后的一天,老李再来找姜铁竹的时候,已经是一脸喜气了。老李告诉他,儿子去工作了,回家来,与他们老两口谈谈单位里

的事情,蛮开心的……他送老李出门的时候,正好久雨初晴,灿烂的
阳光洒了一地,他想,假如小李此刻走在路上,身上,不,心里一定也
会洒满了阳光的……

5

那一对程姓母女专门来找姜铁竹反映的那个问题,让他简直如
在云里雾里:她家住在二楼,老是有底楼的人上楼来拨她家的闹钟。

姜铁竹问,你们看清楚是谁吗?她们摇头。他问,这个人有其
他什么举动吗?她们摇头。他又问,你们家里有什么贵重物品缺少
吗?她们还是摇头。这下,该轮到姜铁竹摇头了,他的意思很明白:
不可能!啥人会莫名其妙地去到她家,只是为了拨一拨闹钟?不
过,姜铁竹不能在她们面前摇头,他对她们说,好,我去调查一下。

他首先调查的是这对母女的家庭情况。据居委会干部说,这家
男主人早年在一次车祸中丧了生,此后,母女两人相依为命,就连睡
觉也睡在一张床上。听到这里,他的心里动了一动,他发现,自己已
经触摸到了问题的症结。

姜铁竹找了那个母亲,问她,你是看到还是听到有人来你家拨
闹钟?那母亲回答,没有看到过,也没有听到过,但是,听女儿说,有
过几次,明明昨天晚上拨定了今天早上的时间,到了点,闹钟就是不
响。他又问她,女儿还跟你说过什么,譬如少了什么东西?她想了

想,说是有的,有时候是一本书,有时候是一支笔。他说,女儿与你一起睡,是从什么时候开始的?她说,是她父亲出了车祸之后,十年了,那时她只有 12 岁。他又关切地问道,车祸是怎么回事?她红了眼圈,一家三口都在车上,是她爸爸开的车,女儿坐在副驾驶座,他给女儿系了保险带,自己却没系,偏偏就在高速公路上出了事,她爸爸死了,女儿倒是没事……姜铁竹"噢"了一声,瞬间就明白了,这就是心理学所说的"创伤后应激障碍";通俗一点说,一个人特别是孩子在现场目睹了灾难或灾祸的发生,如果得不到及时干预,灾难或灾祸的场景就会在脑际不断闪回,最终造成心理障碍。姜铁竹试探着说,那你女儿现在肯定不愿坐车了。那个母亲瞪大了眼睛,是啊是啊,你怎么会知道的,她反感坐车,连公交也不敢乘,上下班就骑自行车。

姜铁竹找了那个女儿。他征询她意见说,闹钟的事情,我会调查的,今天我们不谈这个,好不好?他要让她先吃颗定心丸,这样,才可以展开交谈。她说,好。于是,他问了她的生活状况,她说自己在大学里学的就是档案管理,现在从事的就是档案工作,此前在一家别的公司做过,因为发现很多人一直都在关注她,让她很不自在,于是,就换了现在的工作。她在回答他问题的时候,眼神游离,声音细微,可见她十分胆怯。果然,当让她评价一下自己的时候,她就说自己很脆弱,老是希望得到保护。说着说着,她就说到了那场车祸,她说她一直都在自责,当初怎么没叫父亲也系上保险带……

至此,姜铁竹可以肯定,已经不存在有人来拨她们家闹钟的可能,他给了那个母亲一个建议:给女儿一个独立的空间,试着让她摆脱依赖。那个母亲听懂了,有一天找了一个理由,说是你去里面房间睡,我睡在外间保护你,免得有人来拨你的闹钟。女儿觉得有道理,出车祸后第一次与母亲分床睡。

　　一个星期后,那个女儿到派出所来找姜铁竹聊聊,不再提起闹钟问题,说的是自己在家里终于有了属于自己的天地。说到最后,她还告诉姜铁竹,自己有了一个新想法,想再换一个挑战性强、开放一点的工作。尽管以为她只是说说而已,但姜铁竹还是鼓励了她,是的,你现在要依靠的就是你自己。没过多久,那个母亲赶来对他说,女儿已经换了新的工作,做文秘,做得很称心,同事的关系也处得好,时不时地还去外面聚个餐。不过,她也因此担心,其中会不会

有她的男朋友,到时候,女儿一出嫁,自己一个人可就孤单了。姜铁竹宽慰她说,哪里会孤单,小外孙一出来,你做外婆的忙都来不及。嘻嘻,谢谢,那个母亲把自己的一双眼睛都笑成了两条细缝……

6

"走进一家门,不说两家话。"

姜铁竹走进"蒙门"已有七年,与这里的1100多户人家都建立了联系,他始终把"蒙门"的事放在心上,成为了心事,"蒙门"人也把他看作了自家人,与他心心相印。这,正应了他在"心灵驿站"开设之初说的一番话:"人与人之间需要温暖,需要心灵的沟通,但在现实生活中,常常出现这样的场景,当我们迫切需要找个人倾诉烦恼、不快时,举目四望,思前想后,竟找不到一个合适的对象。我们的困惑、忧虑、恐惧、孤独、压抑、失望、悲伤,迫切需要交流,需要诉说,需要安抚,需要宣泄,蒙自社区'心灵驿站'就是我们打开心扉的钥匙。"

说起这些年来在蒙自社区当社区民警的体会,他归结了四个字:"排堵保畅。"乍一听,觉得不像是一个社区民警,而像是一个交警说的话,仔细想去,他排的是社区居民的"心堵",保的是社区居民的"气畅",真是言简意赅。

不过,他确实是当过交警的,在当社区民警之前,恰好也是七年。

179

他善于动脑筋,把所学知识应用到社区警务工作中,是一名不折不扣的"智警"。

"智警"巍巍
——记宝山公安分局双城路派出所社区民警陈祯巍

文 / 缪国庆

一个人被动地学得的知识,如果日后能够学有所用,那是一种幸运;一个人主动去学得的知识,如果日常就能够学以致用,那是一种幸福。

陈祯巍两者兼得,可谓"双幸":他是经济学学士,读的是国际经济与贸易,在他管辖的区域里多的是金融机构,还有商会以及不少贸易公司,他学得的知识有用;他是公共管理硕士,在职时专门去研读,可以与他所从事的社区警务综合治理工作结合起来,也有用。因为他的硕士毕业论文写的就是"上海实有人口管理创新研究"。

知识就是力量。不过,在他看来,改成"智识就是力量"会更好些,缩写了,就是顺理成章的"智力"。根据他的理论,双城路派出所的那些年轻民警,就此推导出了一个新名词:"智警"。

陈祯巍是宝山公安分局双城路派出所的社区民警,是其中的一个"智警"。

"智建"

因为"智建",自建立了"P2P 三个靠前管理机制"后,他的辖区内没有发生过一起因 P2P 理财公司无法兑付或倒闭引发的群体性事件。

说起电信诈骗,几乎人尽皆知,但是,说起 P2P 来,大多数人还是会云里雾里。

偏偏就在我们居住的这个城市，自2015年初开始，P2P金融理财公司风生水起；偏偏就在他管辖的区域，高峰时成立了38家P2P金融理财公司，占到了整个宝山区在册数量的一半之多。

他读过金融专业，从中意识到了这个行业及其经营模式存在的巨大风险。

先说风险。因为此类公司的投资去向不明，线上线下的结合难以得知，一旦管控不好，资金链断裂无法兑付，参与投资的居民就将承受资金"泡汤"的打击。再说骗局。在投资理财界总是充斥着各种骗局，P2P也不例外。在"跑路"的理财平台中，往往以近20%的高收益吸引居民进行投资。更为可怕的是利用秒标吸金。秒标时间短、利率高、回款快，一度成为P2P平台吸引投资人的营销利器，正因为吸金速度快，可以在短时间内卷走一大笔资金……他不能坐视别有用心的P2P平台为所欲为，他不愿眼看辖区居民的辛苦钱血本无归。

他运用自己学得的"智识"建立了"P2P三个跨前管理机制"：

第一，跨前摸底。他协同商务楼自治会一同对辖区所有P2P性质的理财公司进行排摸，并对每一家公司进行逐一建档，收集公司营业执照、人员名单、经营项目、幕后老板等相关信息，形成了一店一档。同时，对每家公司的经营负责人制作了笔录，一方面掌握了较为详尽的信息，另一方面对相关证据进行了固定。说来有趣，就在他进行摸底的第二天,其中的一家 P2P 公司就悄然地"撤退"了。

第二,跨前管理。考虑到 P2P 公司的高风险性,他将这些公司参照休闲娱乐场所管理方式纳入管理,做到每月检查两次,及时了解经营情况,并将获取的可疑信息及异动及时向分局相关部门进行上报,使得分局经侦支队、治安支队等部门在相关案件侦破中取得先机。同时,在日常街面巡逻过程中,对在街面发放理财广告人员进行劝离,进一步降低居民群众触及到高风险理财产品的几率。

第三,跨前宣传。他不仅在小区走访及居民接待过程中不厌其烦地向居民提示风险,而且作为街道"东方讲坛"宣讲员,每次宣讲防范电信诈骗知识后总是针对 P2P 风险向老年人进行风险警告和防范提示。

通过"P2P 三个跨前管理机制",不仅在辖区内没有发生一起因 P2P 理财公司无法兑付或倒闭引发的群体性事件,而且通过及时、有效、完善的信息采集手段,为分局相关部门侦办非法吸收公众存款案件提供了线索。

2016 年 6 月,通过有效的信息采集与上报,他成功配合分局经侦支队及其他分局,及时侦破了一起利用 P2P 投资理财形式进行非法吸收公众存款案件。此案中,10 多名犯罪嫌疑人被刑事拘留,为居民群众挽回了巨额的投资资金。

"智防"

因为"智防",他提出了"三个逐步"的思路,使华能城市花园小区成为宝山区社会管理创新工作首批十佳示范小区之一。

推进技防、物防、人防的过程,其实也是"智防"的过程。

就说他管辖的华能城市花园小区。这里地处宝山区中心城区,周边交通便利,属于高档社区,可偏偏就是入室盗窃案件始终居高不下。究其原因,只是因为小区居民对业委会、物业公司不信任,致使技防设施改造计划迟迟不能实施。

陈祯巍接手华能城市花园小区后,抓住宝山区推进社会管理创新工作的契机,主动向友谊路街道办事处申报了技改项目。尽管这是天大的好事,事前也作了宣传,但还是受到了不明不白的阻拦。一些居民多次前往居委会要求停工,甚至与施工队伍发生争执。老王就是其中的一个。老王的妻子曾经是社区楼组长,由于停车位纠纷,一气之下辞去了楼组长工作,此后,老王就时常对小区的各项工作存在负面看法。这次又是老王领的头,理由是小区封闭式管理会影响居民的进出自由。业委会、物业公司也火了,不做就不做,啥人欢喜做! 陈祯巍说,做了就一定要做下去。业委会、物业公司问,你说哪能做下去? 他学过公共管理,以公共福利和公共利益为目标推进技防改造当然不会有错,但是,公共管理既要重视法律、制度,更要关注管理战略、管理方法。于是，他提出了"三个逐步"的思路：一是逐步推进，分三个阶段施工；二是逐步适应，让居民有一个适应期；三是逐步提升，就是让居民在技防设施的完善中提升感受度。业委会、物业公司终于理解了他的"智防"，就是要想方设法防止居民在技防改造中"翻毛腔"。

陈祯巍走进老王家，是一天的傍晚。老王正在生闷气。原来，老王的儿子刚刚到单位上班，工作不顺心，与同事相处也不好，情绪很低落，老王说的话根本就听不进去。他把老王的儿子拉进隔壁房间，都是年轻人，好说话，他说了自己刚入职时的"菜鸟"经历，说了自己"笨鸟先飞"的故事，不仅解开了小王的眉结，两人还互留了通讯方式。等到两人从隔壁房间出来，老王瞪大了眼睛：这个小警察哪能会比我做爷的本事大，让儿子服服帖帖起来？他对懵懵懂懂的老王说："你们吃饭，我不影响你们了。"说着要走。老王这才醒过神来："你是不是为技防的事体来的？"他说："不急、不急。"老王说："已经施工了，啥个不急？我晓得你是为了大家好，你放心……"此后的老王，不仅自己支持小区的技防改造，还主动做起了其他居民的思想工作。

事实证明，他的"三个逐步"的思路是有道理的。自2013年第一次技防改造之后，2014年年初，物业公司加大投入引进了专业保安队伍，业委会也出资将门禁更新成了更耐用、安全的钢化玻璃感应门，到了2015年7月，按照小区发展的特点及需要，又开展了第三次技防设备升级改造,进一步提高了技防设备的使用性能与安全性能。

让居民开心不已的是,不仅仅因为华能城市花园小区成为了宝山区社会管理创新工作首批十佳示范小区之一,更是因为自2015年至今,小区内从未发生过一起入室盗窃案件,小区的"安全感、满意度"得到了有效提升。一位居民碰到他时,兴奋地告诉他说:"陈警官,原本我想把这里的房子租出去,搬到在其他小区买的房子里去住,现在看见小区这么安全,我家里人决定还是留下来,这里住得放心。"

"智慑"

因为"智慑",他消弭了一起在宝山中心城区可能引发的聚众斗殴事件,获得了方方面面的赞誉。

只听说过"威慑",却没听说过"智慑"。

那天中午,他正在华能城市小区与业委会、居委会开会商讨小区技防设施升级事宜,突然间,就接到了一个十万火急的电话。电话是辖区内宝龙广场工地总包负责人打来的:"不得了,工地被围住了,要出大事了!"

原来,宝龙广场工地曾经聘请了一家土方公司进行土方清理和

运输,可那家公司在签约前突然以运输成本增加为由要将运价提高
一倍。工地总包方觉得对方没有诚信,随即终止了与这家土方公司
的签约,另外聘请了一家土方公司进行合作。这家没有揽到业务
的公司心有不甘,放话说:"不让我们做,别家公司也别想做。"原以
为他们也只是说说而已,却没想到事情还真的发生了。那天,看到
别家公司的土方车陆续进了场,他们当即就纠集了30多辆土方车、
四五十人,把工地的大门堵了,不让现场施工的车辆进,也不让现场
施工的车辆出。眼看事情越闹越大,宝龙广场工地总包负责人的脑
袋也越来越大。

陈祯巍一边驱车赶往现场,一边将情况向派出所领导作了
汇报。

当他驾车在海江路双庆路等候红灯翻绿时,一眼就看到海江路
工地沿线停满了土方车,工地周围聚集了双方的当事人和围观人
群。等增援力量来共同处置恐怕是来不及了,情绪激动的当事双方
随时可能因为矛盾激化而引发聚众斗殴。

此刻,他的脑海里只有一个想法:尽快制止事态的扩大。

他来到工地门口,一跨出车门,就厉声大喝:"把路边的所有车
辆立即开走!"没有反应,没有人把他放在眼里。他扫视了一下现
场,认定了两个领头的男子,对他们说:"有经济纠纷可以通过正规
途径处理,如果你们的车辆和人员再在这里聚集,根据法律,公安机
关就可以追究你们的违法行为,你们自己想想后果。"众目睽睽之

下,那两个领头的男子到底丢不起脸,朝他逼近一步,凶巴巴地顶撞说:"什么后果,你怎么不想想后果?"他岿然不动,尽管只身一人,也决不能后退半步。但是,当务之急,他必须控制局面。急中生智,他举起手,指着附近的监控探头,正告道:"你们看到那个探头了吗?你们的所作所为,我们市局、分局领导现在正看着呢!你们给我一句话,走还是不走?"领头的两个男子抬头望望,太阳明晃晃,探头明晃晃,再看太阳照耀下的警徽,也一样明晃晃,他们眼里的凶光随之就黯然失色了,"好好好,走吧,走吧……"他们一挥手,下面的人就纷纷上了车……

这时,派出所增援的警车赶到了现场。他和同事将双方人员带回所里,制作了笔录,固定了证据,领头的那两个男子承认了自己的错误行为,答应不再带人进行封门,一切问题通过司法途径解决。

一起在宝山中心城区可能引发的聚众斗殴事件被消弭了。

事后,他向所领导汇报,所长拍着他的肩膀说:"我派民警增援时,在监控里看到你在现场处置。"接着又模仿他手指着监控探头的动作,"特别是这个动作很有威慑力,能担当也学会了动脑子……"

"智授"

因为"智授",自担任带教民警以来,他坚持打破专业界限,充分利用业务资源提升学员综合警务能力,形成了一套新颖多样、切实可行的带教技战法。

　　他是带教民警,屈指数来,已有五年的"教龄"。

　　在五年的带教中,他始终强调一个理念:只有以最高的智慧,才能追求最高的目标。

　　在五年的带教中,他形成了一套"三个坚持"工作法:一是坚持培养学员的从警意识和从警的使命感;二是坚持营造众"智"成城、共同进步的良好氛围;三是坚持打破专业界限、充分利用业务资源提升学员的综合警务能力。

　　因为学过《现代公共关系学》的课程,他"智授"沟通——

　　宝山体育中心人流量大、覆盖面广,他早在2011年就看上了这里的一个长18米、高16米的巨幅电子大屏幕,他想利用这个LED大屏幕开展防范宣传。他与宝山区体育局进行协商,要求每天不间断地播放安全防范宣传片。他说,通过传播大量有说服力的材料,可以提升公众的防范意识,同时也可以发展宝山体育中心与公众的亲善友好关系。可他的想法在最初并没有得到认同。宝山体育中心不仅体育赛事多、文化活动多,而且商业活动多,安保工作须臾不能放松。他一边不间断地组织安保布点巡逻,一边不间断地与宝山区体育局相关领导进行交流沟通,让他们看到了他的为民情怀和敬业精神,后来,宝山区体育局同意了他的提议。四年来,从电信诈骗到入室盗窃，包括交通大整治宣传，他通过通俗易懂、音画并茂的形式，使公安防范宣传的辐射度得到了跨跃式的提升，每日受益群众达一万人次以上。

因为作过"上海实有人口管理创新研究"，他"智授"应用——

2015年7月的一个傍晚，他带领人口协管员在小区对出租户进行走访登记时，发现一名女性租客身形消瘦、形迹可疑，酷似吸毒人员。随即，他对那名女子进行了人员信息采集。当问及姓名和身份号码时，那名女子闪烁其词，最后才吞吞吐吐地报了自己及配偶的姓名，并且表示自己的身份证遗失了。他一回所里，当即通过实有人口查询，发现女子所报的果然是假名，而她所报的配偶姓名倒

是属实。再经网上查阅,她所报的名字实为蒋某,有吸毒前科,对照照片与当事人一致。次日傍晚,他带领同事前往抓捕,但由于昨天的惊吓,那名女子影踪全无。他心里一琢磨,那名女子肯定会很快搬家,不过,她的行李还在暂住地房间里,要搬家就会与房东联系。如此推理之后,他与房东取得了联系,约定:如果租客来联系搬家,就让房东及时通知他。果然,不出所料,第二天下午他就接到了电话。房东按照事先商定的计划,把那名女子约在房产中介公司谈退租事宜。当那名女子姗姗而来时,被他抓获。经鉴定,蒋某的尿样检验呈阳性,最终被处以强制隔离戒毒两年。

针对电信诈骗高发态势,他还"智授"如何构建"警银合作防范联动平台",创建"逢存必问、逢疑必报、逢报必到"联动防范模式;面对商务楼众多单位矛盾频发的状况,他还"智授"如何成立商务楼自治管理团队,并与派出所搭建自治信息流转平台……

作者附记:

他的大名叫陈祯巍,小名叫巍巍,他是"智警",连起来叫该是"智警"巍巍。不过,他说应该把顺序倒过来,是巍巍"智警",而这里的"巍巍"不再是他的小名。

对对! 巍巍"智警",就是社会治理中的巍巍"群山"……

称呼,有时候就是试金石。

因为,它可以试出你在老百姓心中的分量——所谓的金杯、银杯,不如老百姓的口碑,说的就是这个道理。

阿凯警长

文 / 史益华

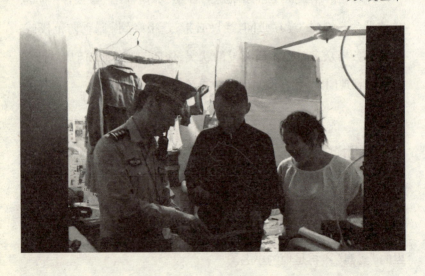

阿凯的昵称

这是一段令我回味的对话——

我说：我想了解一下村里民警的事……

他答：喔，你是说阿凯的事？

我说：你在村里做……

他答：我是综治协管员，协助阿凯工作的。

我说：可否谈谈关于他的印象？

他答：啊呀，阿凯警长，我们太熟悉了……

那天下午，专程去金山的浩光村，采访松隐派出所朱元凯警长的事迹，最后听一听村里群众的反映。哪想，约来的两位年过半百、神情憨厚的村民，老杨是村里的就业援助员，老张是综治协管员，一开口就是"阿凯""阿凯"的。我不禁心中一动，从群众的称呼看，这里的警民关系一定融洽。

果然，"阿凯"，正是这儿老百姓对民警朱元凯的昵称。在整个松隐地区，它可是老百姓耳熟能详的名字啊。

坐在我面前的阿凯，微胖的脸庞，短发，浓眉，目光清澈，一副办事精干的模样。谈及自己，话儿不多，他是一位谦虚但很自信的"80后"。

倒是所长盛雪锋、教导员顾香均介绍得多一点。松隐派出所是金山公安分局警员最少、辖地属于纯农村型的派出所。所里的朱元凯，今年36岁，2004年从警，现为社区警长。他最大的特点，就是"扎根社区，甘于平凡"。在他身上，既有青年民警的朝气，不怕困难，敢于克服面对的一个个难题，又有"老娘舅"式的沉稳，以真挚的心对待群众，努力让群众获得社区的安全感。近年来他多次立功受奖，其中2014年荣获市局"争创人民满意活动先进个人"称号，2015年荣获分局年度"十佳优秀社区民警"称号。

我感兴趣的是阿凯辖区的"版图"。那天在浩光村，从二层楼窗口望出去，四周几乎被水稻田包围。警务室墙上的地域图上，标有一条长流着的张泾河，还有一处处的鱼塘和大块的农田。

一问，才知阿凯的管段除了浩光村，还有金明村和附近的松隐工业区，面积近八平方公里，居民1500多户，总人口6000多人。浩光村、金明村这一带，北与松江交界，南与松隐工业区相邻，域内有亭松公路、松金公路、松卫北路等多路横贯。此地的特点是，出租房屋较多，防盗设施较差，居民矛盾纠纷及偷盗类案件多发，是松隐地区治安最为复杂的地区。

就是在这块郊区的舞台上，年轻的阿凯警长创造了不凡的战绩。

阿凯的责任心

阿凯有很强的使命感。他说，穿上警服，就要为群众办事，看民

194

警有没有责任心,就要看能否全力以赴地为群众服务。

让我们来看看有关他的几个故事。

2011 年 4 月,正是菜农们忙得不亦乐乎的时候。当时,有相当多的菜农只顾忙农活,把办理临时居住证的事甩到了脑后。阿凯是细心人,带上相机,主动上门为菜农拍照,随后将办理好的临时居住证送到他们的手里。一位菜农拉着他的手,说:"真要谢谢你,这事比我们自己还办得周到啊!"菜农们哪里知道,阿凯对辖区里行动不便的老人,一直也是主动上门拍照,等办好第二代居民身份证,再上门送到老人手里的。他的做法,受到大家的一致好评。

2014 年 6 月 8 日中午,松隐邮政储蓄所的负责人来所求助称,由于上午工作人员操作失误,将一来沪务工人员所存 6000 元的存折,打印了 11000 元的数额,储蓄所只有该人员身份号码,未留电话,无法联系,现求助派出所解决。阿凯接警后,赶往现场。经公安信息网查询,查到存折主人黄某,湖南人,暂住亭林镇某号。与登记的手机联系,对方称不是黄某。线索中断后,阿凯立刻驱车去暂住地址,几番周折,终于找到正在吃饭的黄某。黄某表示愿与民警合作。阿凯又带他去储蓄所,办理了改正手续。

2015 年 3 月 10 日晚上,春寒料峭,四周格外宁静。值班室报警电话响了。镇边的加油站来电,称站内有一名痴呆老人。阿凯即刻赶去,见到一名言语含混不清、不知家在哪儿,身边又没有任何证件与联系方式的神情呆滞的老奶奶。阿凯将她带回所里,并倒上了热茶,端上了饼干。经耐心引导,终于从老奶奶只言片语中觅得了一丝信息。阿凯赶紧展开查找,反复查询后,得知老奶奶姓李,80岁,住在松江的泖港镇。深夜了,阿凯开车将老奶奶送回家中。家人报案后正忐忑不安,见老奶奶平安归来,激动不已。离开时,阿凯又反复叮嘱家人,平时勿忘把家庭联系方式放入老人口袋,以防万一。

似乎都是小事,但却充分体现出阿凯为民服务的责任之心。

阿凯的功力

当一个社区民警,有时候也是要讲一点儿功力的。

2010年上海世博会期间,有一天松隐派出所辖区内短短十几分钟连续接到三起入室盗窃案件的报警。阿凯坐不住了,马上带领社保队员赶往案发现场。走访群众得知,嫌疑对象为两个小青年,步行,离开不足半小时,其中一个人手里拎着一个偷来的"黄金搭档"纸袋。

阿凯将情况反馈给所里监控室,自己展开巡逻追击。巡逻至两公里外的驳岗村九组附近的机耕路上,发现了情况。路上,一个小青年拎着"黄金搭档"纸袋正往前走。下车准备盘问,该青年拔腿就跑。阿凯毫不犹豫追了出去。整整一公里的路程,全副武装的阿凯越跑越快。接近时,他以一个猛虎扑食的动作,干净利索地将嫌疑人擒住。增援赶到的同事赞道:"好样的,不愧为特警出身!"

经审查,该嫌疑人姓周,交代了九起入室盗窃犯罪行为,后被移送起诉。

当年公务员招警,阿凯考进当了特警。之后三年特警生活的磨练,使他练就了擒拿的基本功。阿凯说,在治安第一线,出警就要沉着稳定、敢拼敢打,没有基本功是不行的。

阿凯的感情

更多的时候,阿凯还是一个很讲感情的人。

2011年3月,阿凯在走访中了解到辖区内有一名张姓青年,因其母长期生病,家里经济困难,无法支付高昂的医药费用,一念之差而实施盗窃导致了失足。阿凯很为张某痛心,多次赶到张某家看望其父母,送上慰问金和物品,叮嘱他们还是要多多关心张某。作为社区民警,阿凯还多次前往看守所,与张某谈心,鼓励其好好表现,争取早日回家。在张某回到社会后,阿凯牵线搭桥,为张某觅得一份收入不菲的工作,除去了张某一家的心病。阿凯常说,对失足的青年,能帮就要帮他们一把。

2015年7月7日,松隐派出所收到学生小顾送来的一封感谢信,感谢民警叔叔相助,完成了爷爷的一桩心愿。

原来,小顾的爷爷患癌症已到晚期,如今病重,最大的心愿是想见儿子一面。但小顾的父亲正在青浦戒毒所里,家里人不知道老人能否撑到儿子出来的那一刻。阿凯知悉后，马上向所领导汇报，征得领导同意后，又与戒毒所方面多次沟通。最后，他亲自将小顾的父亲临时从戒毒所带出，见上了老人一面。父子相聚，病重的爷爷老泪纵横，其子也愧疚万分。在回戒毒所的路上，阿凯仍苦口婆心地数番劝诫，希冀苦涩的泪水能够让那颗灵魂走出迷途。

阿凯的担当

30 多岁的阿凯，年轻正当年。他有血性，敢于担当。如今在郊区农村的社区里，邻里之间矛盾多，经济纠纷多，流动人口多，问题层出不穷。来到社区民警岗位的这些年，阿凯能直面眼前的种种矛盾和困难，做到了有理的伸张正义，无理的批评教育，违法违规的更是毫不手软，坚决依法处置。

他的付出，得到了回报。

2015 年 12 月中旬的一天，浩光村委会来电话："村里碰到棘手的事了，你快来处理……"话筒里，还传来吵闹声。阿凯觉得事态不妙，马上赶去。

村委会陈书记办公室的地上一片狼藉，茶叶渣水和碎玻璃洒了一地。原来，村民张某、何某擅自将承包的 100 多亩农田转包给安徽籍来沪人员王某等三家用于种植西瓜。政策是明令禁止私自转包的，故村委会知道后，告知张某、何某必须终止农田承包协议，于是张某就来村委会打闹了一场。棘手的是,张、何已向王某等人收取了三万多押金,王某等也已将搭建西瓜大棚的材料运至田间,终止协议牵涉多方利益,处理不当可能引发不安定因素。

阿凯很沉着,会同村干部走访张某、何某,严肃指出转包及闹事的错误,还讲清了合同承包应承担的法律事项。在这一过程中,阿凯发现何某很配合调查和协商,并讨论解决的方法。最后,还是何某主动表态:"你放心,这件事包在我身上,我们退押金,这帮安徽人是朋友,不会有事情的。"

事态的转折,让阿凯感到有点突然。事后,何某道出原委:"阿凯警长,我要报答你。还记得那一次,你帮我讨回运输费的事情吗?……"那是几年前的事了。干着个体运输司机的何某,因讨要运输费,与松隐一家服装厂的老板发生纠纷。找来双方处理纠纷的正是阿凯。别看他年纪轻,说出的话一句是一句,合理、合情、合法,很有担当,当时就让何某服帖了。老板多次拖款不给,明显理亏。阿凯告诉何某,有理也要讲法,不得胡来,并告诫老板,个体运输户的合法权益受法律保护,在这个问题上不容含糊。几天后,何某全数拿到了被拖欠的运输款。他从心里对年轻的阿凯产生了敬意。所以,在这次承包事件中,他见阿凯警长来了,内心便产生了要配合民警妥善解决问题的想法。事实上,他也以自己的言行,影响了张某等人,与村委会妥善解决了一场转包纠纷。

阿凯说,这件事让我更加相信,老百姓不会忘记我们为他们做过的事情,我们为他们担当,他们就会给我们支持和回报。

阿凯的创新

基层的社区民警,在第一线要冲锋陷阵,更要学会思考、善于创新。在这一点上,阿凯做得很有特色。

亭林镇松隐社区是典型的上海远郊纯农村区域,因农宅分布松散、村民防范意识薄弱、外来人员大量涌入等原因,几年前农宅入室盗窃案件相对高发,严重影响了群众的安居感。2014 年,松隐派出所启动了"农户防盗跟踪机制"的探索。阿凯积极落实所领导的工作布置,把这项"降发案、管人口、促防范"的创新探索做得很细。他分析自己辖区内的案情特点,一家一户实地走访农宅,对应制作出每一户的《农户防盗跟踪评估表》,梳理出"入户门材质不牢靠、住宅围墙易遭入侵、堆积物易被攀爬、车辆随意停放不够安全"等四大类突出隐患,还现场提出有针对性的防范意见和建议。不仅如此,在所领导的指导和同事的支持下,总结出了"点面结合""小投入+土办法+高科技"等工作经验,实施"满天星"工程,彻底扫除了几十处农宅区域的视频监控盲区,还更新了一大批挂锁式农户的入门防盗锁具,落实了农户围墙的加固和插碎玻璃等有效措施,提升了辖区的安防水平。

2015 年,这项成功的探索,扩大到亭林镇区域实施,之后不久又在金山区全面推开实施。由此，松隐派出所推进"逐户评估促防范，下沉警务夯基础"工作而独创的"农户防盗跟踪评估表"，不仅成了所里工作的业务"品牌"，也成了分局各派出所促进安防的警务"操作法"。而坚守一线、用心摸索的阿凯，则成为了参与所里这一创新实践的一员尖兵。

从一份简报读到，近年来阿凯的创新还有几项记录：他与自己辖区毗邻的松江分局泖港派出所建立了警种联动的"跨所"合作机制，在大联防工作中成绩显著；他动员农宅户户安装联防报警系统，让村内入室盗窃案件发案率下降到了零的极限；他兼任浩光村党总支副书记以来，发挥民警的优势与主动性，措施谋划在先，指导、协调、解决农村地区特有的邻里纠纷、建房纠纷、自留地纠纷等诸多矛盾，成功地将辖区内的许多不安定因素化解在了萌芽姿态，成了群众最欢迎的"村官"；他在市局治安总队还未推出"微信公众号"时就尝试着在网上创设了自己个人的"微信公众号"——"平安松隐"，沟通警民、提示防范、普及法律，与群众互动咨询，为构筑社区平安尽了自己的一份力量。

阿凯的语录

阿凯在不同的场合说过这样的话：

"作为一名社区民警，我始终要求自己在工作过程中做到与群众将心比心，以心换心……"

"我相信一句话：胸怀公心，则会取信于民……"

"怎样做到警民连心？关键在三点：执法执勤要公心，对待群众要真心，服务群众要尽心……"

我把这些话语视作阿凯的语录。从内心吐露的这些话语，有着不一样的内蕴，那是阿凯警长思想的结晶、行动的座右铭——执勤做到公心，就能确保执法的公正、公平、公开；对待群众做到真心，才会时时处处急百姓之所急、想百姓之所想；服务群众做到尽心，方能把群众的事当自己的事来办，方能关键时刻有担当、敢出手。一个工作才七年多的年轻民警，有这样的思想境界，实在是值得赞

叹的。

　　阿凯是这么说，也是这么做的。由此看来，群众亲切地称他为"阿凯"，乐于将他视为可以信赖的自家人，也就可以理解了。实际上，"阿凯"这个昵称，揭示的是百姓的认可、警民关系的融合，更是阿凯本人对自己职业的忠诚与执着。

　　阿凯还年轻。他还有着自己的理想和自己的追求。我们期待着，在松隐这块历史悠远的土地上，他会继续谱写出为老百姓称道的警界新篇章。

梅山苑小区有一位患有老年痴呆症的老太,儿女的话不听,就听小孙同志的话。老太别的人不记得,但却清楚记得小孙同志是谁。老太一去居委会就喜欢找小孙同志拉家常,看不见小孙同志时,就念叨小孙同志对我好。这个小孙同志是谁?为什么一位老太会对他如此念念不忘?

梅山苑的小孙同志
——记普陀公安分局长寿路派出所社区民警孙钰旻

文/乘　风

　　"小孙同志"是普陀公安分局长寿路派出所的民警孙钰旻。他是梅山苑小区的社区民警。梅山苑包含了八个小区。八个小区中有高档小区,也有拥挤不堪的动迁户区。到 2016 年底,孙钰旻已在梅山苑做了 13 年的社区民警。身着警服的孙钰旻十分英武,但眉宇间仍透出一种文人的儒雅气质。13 年来,他在梅山苑小区风里来雨里去,拨云开雾,春风化雨,不捣糨糊,也不用忽悠功,就"轻松"地抹平了梅山苑小区内那里许多令人头疼的婆婆妈妈、里长弄短的纠纷,荣获了分局第一批"徐志刚式"社区民警荣誉称号,及各类个人嘉奖九次。

　　孙钰旻依靠什么"神器"获得了小区居民的高度赞誉?

　　在孙钰旻入围"十佳优秀社区民警"候选后,他有点惴惴不安了:"我只是履职尽责地做了一名社区民警应做的工作,真不需要来采访我。"那么,就让他说点管理社区的经验、方法吧,他诚恳地说:"我只是做了我该做的,说不出什么啊!"

　　望着有点腼腆的孙钰旻,笔者不禁想到古人的话:言语应对者,情之饰也。至情者,事之极也。意思是人们平常说出的话,只是人们感情的外在装饰;而内心深层蕴藏的情感,才是所作所为的关键。好在坐在一旁的潘东英副所长的介绍,让我们看到了孙钰旻内心深处蕴藏的那份真诚爱民为民之心。

不昧己心 小处着手——"德义"之爱

有句古训,孙钰旻记在心里:"解人之难,救人之患,济人之急,德也;与人同忧同乐,义也。"孙钰旻"德义"之爱的初心大概就是这样,把居民当自己的亲人一样来对待,爱护他们,帮助他们。

梅山苑是一个新老公房混合小区。有新建商品房,也有动迁旧式里弄的社区。孙钰旻根据实际情况,从小处着手,先把警务室作为关爱居民的出发点和落脚点,常年坚持以"入户调查"为工作切入点,在平时日常,注重深入挖掘社区资源、主动掌握社情民意,把关心居民,安全防范的触角延伸到群众家中,根据辖区治安动态及时组织做好防盗、防火等安全防范宣传。倾听群众意见,为群众排忧解难的同时自觉接受群众监督。在年关节口,他积极组织居民开展群防群治、组织安全防范宣传等工作。他的警务室逐渐成为梅山苑的一间"安全屋",看见它,就能看见孙钰旻,小小警务室成了居民眼中的安全港。

梅山苑小区里住着一位患有老年痴呆症的 90 几岁老太,神智时而清醒时而糊涂。老太退休前一直担任居委会干部,退休后依然喜爱到居委会去坐坐。孙钰旻刚做梅山苑的社区民警时,就注意到老太的情况,把老太当自家阿婆相待。自从孙钰旻驻扎在梅山苑警务室后,老太只要一到居委会,就一定要找孙警官拉家常,这一拉就是十几年。孙钰旻一直注意与老阿婆接触时的言行,尽量轻柔再轻柔、耐心更耐心,深怕老人家在警务室受到任何精神方面的伤害。他还不断提醒老人家的子女孙辈要谨防老太外出走失,最好在老太衣服口袋留放家庭住址字条。居委会干部说,老太现在记忆力越来越差,老年痴呆的症状也越来越重,她不听子女的话,就听孙警官的话。

现在,老太只要一到居委就找"小孙同志,小孙同志",找不到"小孙同志"就不回家,坐在居委会里,嘴里不停念叨:"小孙同志对我好,小孙同志是自己人。"直到看见"小孙同志",跟"小孙同志"说上几句心里话、家常话,才会让孙钰旻搀扶着把自己送回家。

老太喜欢编织,有一次亲手编织了一双毛线手套给孙钰旻,嘴里念叨:"小孙同志,天冷了,你走家串户的戴上这双手套就不冷了。"之后,老太还是经常送给孙钰旻毛线编织的小礼物,刚开始孙钰旻会谢绝不收并告诉老太已经送过了,但老太根本记不住她已经送过礼物了,下次编好了继续送给他。孙钰旻深知对老人家最好的孝敬就是"顺遂",以后老太编织的小礼物,他都恭恭敬敬地收下。老太因视力不好,编织的东西虽说有些粗糙,但是每次孙钰旻看到这些小礼物时,那种被人惦记的温暖骤然涌上心间,觉得自己的工作是多么有价值。

采访中,梅山苑居委会的干部说到这样一件事,十几年前,孙钰旻所管辖的社区里,一对年轻的夫妻生育了一个先天性痴呆的男孩,孩子的母亲无法接受事实,选择了离婚,远走他乡。父亲也承受不了压力,离家出走,多年音讯全无。这个孩子就由爷爷奶奶抚养,一直养了十五年,直到孩子离世,其中的艰辛一言难尽。老两口出行不便,有一次孙子生病,找居委会帮忙,孙钰旻听说了,就主动送孩子去医院看病。之后,孙钰旻几乎天天都去这户人家看望老人和孩子,暗暗留意有什么事情需要帮忙做。逢年过节,他必会带着小礼物去看望老人和孩子。担任梅山苑社区民警 13 年间,孙钰旻默默地帮助两位老人解决许多困难,为这个凄凉家庭揉进丝丝温情,给两位孤苦老人带去阵阵暖意,真是人生命运无常,道是无情却有情。

孙钰旻透过居民视角,看难处;站在警察的角度,理问题,与居民同在,共同面对问题、解决问题,谱写了一曲爱民的和声,使自己从警生涯中注入了更多的人生华彩。

不悖人情 微处着眼——"知行"之道

孙钰旻热爱社区警务工作,除了勤于学习其他社区民警的好经验,也探索出了一条属于自己的工作方法,所谓"知行"之道就是孙钰旻把居民的问题、困难,都当是自己的事情来处理。

对社区民警来说,社区群防群治队伍的管理是社区治安管理中的重要环节,这支队伍建起来不容易,维护起来更要用心。群防群治队伍的战斗力直接关系到小区安全防控屏障的牢固性。因此,孙钰旻除了经常性的业务指导,还在队员的人文关怀上狠下功夫,谁有个头痛脑热,家里有个什么事儿,他都会主动关心,尽力关照。

在实有人口管理工作上,孙钰旻知道对于人口信息变动情况的及时掌握是信息维护的关键。因此他身体力行,时常组织实有人口协管员、治安巡防员、治安信息员、法制宣传员,通过走访调查、宣传发动、巡逻守护、实地检查,加强了对小区各个出入口不明身份人员的盘查、询问、记录,对发现的可疑情况还主动做好跟踪调查、备案。并根据辖区居住人员特点,通过分时分块采集、反复排查、重点突击等多种手段掌握小区居民变动情况,不仅有利于加强对辖区流动人口的管理,又确保了人口信息情况及时准确地更新,更为侦查破案现实斗争提供了有力保障。

在社区治安管理上,孙钰旻主要抓治安警情分析和防范。针对警情发生防不胜防的情况,他坚持定期对辖区发生的警情进行分析,梳理出案件多发、易发地段和时段,明确工作重点,采取相应措施。为了形成了覆盖广泛、反应灵敏的群防网络,他动员居委、治安积极分子、志愿者巡逻队有针对性的开展安全防范工作,遏制案件高发的势头,真正做到安全防范居民自治。同时,为切实管好重点场所和重点部位,他定期召开物业保安例会、警情通报会,准确了解社情民意,用心指导居委会通过悬挂横幅、张贴警方温馨提示等形式进行安全防范宣传,加强居民自我防范意识,形成了人人维护秩序,人人参与防范的良好局面。

2016 年 3 月,电脑系统报警显示:居住在长寿路 569 弄某号的孙某系因诈骗 245 万元被天津市东丽区警方列为上网追逃的对象。孙钰旻根据所领导的指示,立即上门进行核查。经物业和居委会工作人员确认,此人居住在该地址,目前处于暂时离开的状态。于是孙钰旻马上安排物业保安关注此人动态,一有情况随即汇报。等了一天,此人仍没有回到住处。这样等下去不是办法。为了尽快抓获逃犯,一个想法突然闪现在孙钰旻眼前,他一边给此人拨打电话,称其家中遭窃,要求其马上回来配合失窃情况调查,一边在想,如果嫌犯知道家中失窃仍不回家怎么办?

狡猾的嫌犯果真没有回来。孙钰旻决定照自己预想的方案再试一试。他拣些嫌犯可能认为重要或值钱的东西,告知嫌犯,你家里丢了什么,是不是有这个啊?……嫌犯一听,每样东西都是自己家中的重要物品。信以为真,急速回家。孙钰旻守株待兔,与所里的其他同志一起,伏击在其家附近,稳稳等嫌犯回家。当嫌犯一出现,便将其抓获归案。

2016 年,梅山苑里的安远路 614 弄地块动拆迁,共涉及居民 100 余户。为了配合动拆迁办及街道相关部门开展此项工作,孙钰旻早在前期就对辖区重点人员开展了全面的排摸工作。他知道,动拆迁的协调工作难度大,如果仅仅依靠街道、居委会和分局等职能部门的支持还不够。梅山苑内动拆迁旧式里弄较多,由于历史原因和现实问题,拆迁户在追求个人利益最大化时,常常会引发非理性的矛盾冲突。然而,他用智慧温暖的举动避免了无数次的矛盾激化。

年初,3 号居民刘女士和普陀区第一征收事务所的工作人员一起找到社区民警,原来刘女士的丈夫陈某因贩毒罪被判处有期徒刑 15 年,目前关押在青浦监狱。因市政动迁刘女士所在的安远路 614 弄 3 号被纳入了征收范围。刘女士系外来媳妇,户口仍在外地,无法作为丈夫陈某的委托人。而陈某家中兄弟姐妹四人户籍又全在该动迁房内,家庭矛盾较为突出。刘女士因担心其和小孩的利益可能会受到影响,焦虑万分找到孙钰旻寻求帮助。

孙钰旻考虑到刘女士的现实困难与难处,经过仔细思考,反复与当事人及其家属协商、沟通后,服刑人员陈某的哥哥答应做其弟弟的委托人。随后,孙钰旻与居委会干部、征收事务所工作人员一起赶到青浦监狱,将陈某的情况向监狱方面作了介绍,最终在青浦监狱狱政管理科的配合下,陈某在狱中填写好了动迁委托书。不仅维护了服刑人员的正当权益,也使刘女士可以正当争取自己的合理利益。目前,在他耐心的沟通、协调后,安远路 614 弄动迁户们陆陆续续搬出老房子。

在孙钰旻常年不懈的努力下,梅山苑小区治安形势逐年变好,小区居民安居乐业。但是,孙钰旻并没有停下他忙碌的脚步,他希望他的"知行"之道能走得更远、更深。

不竭物力 细处着想——"物尽"之安

孙钰旻"物尽"之安,就是遇到问题时,自己能做什么,怎样做,才能利用有限的资源,把物力、人力、财力发挥到极致,或者把安全隐患、不良后果降到最低。

社区民警每日工作繁琐,八小时之外加班加点是常事。有时因为忙白天去不了小区,晚上他都不忘到社区走一走,看一看。梅山苑的特殊群体、重点部位、突出不稳定因素等,这些重要信息都是他日常的关注目标,牢牢存在他的脑中。梅山苑有一处高档住宅区,但房龄已大于十年,许多生活、安全设施都需要维修、完善,小区的技防设施设备老化、故障频发,不能正常发挥作用,专业部门建议对小区整体技防设施进行全面升级改造。但小区业委会认为,改造工程所需资金来源为业主的维修基金,因数额较大,业委会不予支持,改造工程一直搁浅。每年的年底春节前是入室盗窃案高发期,该小区在治安防范上存在的漏洞,孙钰旻看在眼里急在心中。他记不得召集居委、物业、业委会和警方开了多少次联席会议,甚至到部分业主家说明情况,最后在业主大会上,向全体业主阐述小区安防设施的重要性,建议把钱用在刀刃上,就是用在最紧急最需要的治安设施更新与完善上,最终与物业公司、业委会达成一致:由物业公司先期垫付资金,将该小区重点部位损坏的摄像头先行修复,小区整体技防设施改造工程业委会一致通过,现已正式进入程序。孙钰旻终于舒了一口气,但马上又开始着手为改造过程中重点部位监控设施的布点等出谋划策。

梅山苑小区有车位 102 个,实际登记车辆 152 辆,停车缺口很大,给社区居民的工作生活带来了很大的不便。随着辖区居民私家车越来越多,社区停车难、乱停车现象越来越明显。尤其自全市道路交通大整治行动开展以来,小区内停车位大战愈演愈烈,很多原来晚上在小区周边道路打游击的车主只能将车停回原本就拥挤不堪的小区内抢车位,业主之间因此产生的矛盾纠纷明显增多。遇到孙钰旻走访社区时,纷纷找他抱怨:"每天下班都要往回赶,早点回来,早点抢到车位,真的很累很焦心。几乎每天早上都能听到、看到小区的车主上演'抢车位大战',希望你们民警来管一管。"

面对居民的抱怨，孙钰旻看在眼里，忧在心中。为了解决小区停车难问题，他不停地在网上搜集相关信息。那天，无意间搜到一个关键词"小区红线"令他眼前一亮（"小区红线"就是开发商土地所有证上规划图的边界，该界限内可以设立小区停车场）。他立即与物业公司、业委会进行了沟通，并且和交警部门进行协调，共商良策。经实地勘察和合理规划，在不影响道路通行的前提下，充分利用空间，在小区南侧围墙外"小区红线"内挤出了 22 个车位，极大地缓解了小区的停车矛盾。此外，孙钰旻还指导物业和保安如何更加合理地安排业主停车，使得小区抢车位、占车位、乱停车现象得到了极大改善。孙钰旻凭借自己的智慧，为小区居民解决了停车难，居民们纷纷竖起了大拇指为其点赞。

对此，孙钰旻说："既然选择警察这份职业，就必须接纳各种压力，坦然面对，泰然处之，以阳光心态为民办事。用警心传递党心，用警心温暖民心。能用自己辛劳的汗水换来百姓的笑脸，梅山苑的安宁，我无怨无悔。"

孙钰旻长期从事社区警务工作，常年累月如一日，每天无论值班还是刮风下雨都坚持下辖区走访，走家串户，倾听百姓声音。用自己脚踏出了一块爱民热土，用心编织出了一片平安蓝天。

社区民警的工作就是要使社区保持和谐稳定,服务好辖区居民群众,让大家有安全感,晚上能睡个好觉……

让老百姓睡好觉

——记长宁公安分局仙霞路派出所社区民警刘海青

文/胡　磅

今年 35 岁的刘海青从警 11 年,在仙霞路派出所从便衣民警、巡逻民警、治安民警一路过来。2013 年 4 月起,他成功转型成为一名社区民警。2015年长宁社区警务改革推进以来,刘海青定位准确,紧紧抓住人口管理、治安管理和打击违法犯罪这三大主业,出色的工作得到了上级领导和群众的一致好评。

两个"下马威",考量新来的社区民警,更激发其工作热情和能量,居民们都夸赞小刘肯做好事。

刘海青十分清晰地记得 2013 年自己当社区民警的第一天。那天,虹纺小区一夜之间居然发生了三起入室盗窃案,像是故意给刘海青来一个"下马威"。顷刻之间,1300 户居民把目光聚焦在这位新来的年轻社区民警身上,有不安,有疑虑,更有期待。

压力就是动力。刘海青可不信这个邪,没时间抱怨自己的坏运气。他一头扎入业委会,协调增加了社区的保安力量,并在监控、夜间照明等技防措施上加大力度,他深入社区,巩固了由楼组长、志愿者等组成的群防群治队伍……效果是立竿见影的,第二年,虹纺小区的入室盗窃案、盗"三车"案、电信诈骗案全部归零。小试锋芒即斩获颇丰,这令刘海青更加坚定了做好社区工作的信心。正邪从来就势不两立,他要狠狠打击犯罪分子的嚣张气焰,确保人民群众安居乐业。

　　两年后,刘海青受命调到虹仙小区。这个小区地处繁华的仙霞路沿线,沿街商铺近 100 家,小区占地 8.8 万平方米,有 5 个出入口,2900 户人家。小区里房屋形态多样,既有动迁房,也有多层楼房、高层公寓等,实有人口 8000 多人,其中外来人员就占了三分之一,矛盾纠纷多、110 警情多。如果说,这些复杂的客观因素对已有两年社区民警工作经验的刘海青是一种压力,那么,更严峻的考验在于,他的前任、优秀民警老刘在这个小区整整扎根了 20 年,已经把虹仙小区打造成了全区有名的"金牌小区"。如今,老刘退休了,小刘接手,此刘非那刘,能不能以己服众、保住"先进小区"金字招牌并发扬光大? 刘海青再一次感受到来自领导和群众沉甸甸的期待。

　　果然,棘手活立马就找到了小刘。走马上任没几天,小刘就接到电话,说是小区东门处有人群殴,匆匆赶到一看,原来有一家知名购物网站刚刚租赁了小区东门处一间 150 平方米的房屋作为物流集散点,东门的一左一右分别是一所小学和幼儿园,每天下午四点多,适逢家长接孩子的高峰期和物流公司进出货时间碰头,物流公司大卡车巨无霸似的盘踞于此,30 多辆快递员的电动车急匆匆地来回穿梭,造成交通堵塞不算,更有快递员图方便,干脆把货物摊在屋外空地上进行分捡,如此一来,本来就狭窄的小区通道拥挤不堪,接孩子的行人、自行车和电动车等在"夹缝"中费劲地穿行。有车互相被刮擦到了停下来高声理论,有孩子被挤到哭了,不耐烦的喇叭声、责骂声乱成一锅粥,更有火气大的居民和快递员发生争执,继而升级到了肢体冲突……

小刘立刻进行现场疏散,制止了事态进一步扩大。但是,摆在刘海青面前的情况是:物流公司每天要运转,与家长接送孩子和小区道路正常通行等造成了极大的矛盾,居民与物流公司之间的小摩擦天天不断,并逐渐升级。刘海青知道,只有让物流公司从小区搬走,才能从根子上解决问题。但棘手的是,物流公司一下子签订了三年的租赁合同,其手续是合法有效的,民警无权强行令其搬走。此事一时陷入僵局。

社区民警深入基层,就是要办难办之事!姑且容忍从来就不是刘海青的作风,他认准的事就是要做到底,任何影响社区和居民安全的"瘤"都必须"挖掉"。刘海青一边与快递公司沟通,对大货车出入小区的时间、电动车停放、物品堆放等方面进行规范,努力将对居民的影响降到最小,一边找到快递公司的上级部门,与购物网站驻上海的公司多次协调,要求他们尊重客观事实,重新选址,将快递公司尽早搬迁走。一开始,对方态度强硬,以自己租赁手续合法有效拒不答应,刘海青没有放弃,他反复重申群众利益高于一切,要求对方在开展经济活动的同时兼顾社会影响和公众认同,并请公司高层人员到小区进行现场察看……终于,如此坚持不懈了半年之久,快递公司在市郊另觅场地,搬走了。

下午放学高峰时,刘海青总爱转到小区的东门,听归家的孩子们和家长撒娇亲昵,看车水马龙井然有序,他觉得心里特别的舒坦。想起曾经的水泄不通、嘈杂纷乱,居民们纷纷夸小刘办了一件大好事。

社区警务改革,为社区民警依法履职、服务群众提供了更广阔的舞台,居民们拥护小刘能办实事。

长宁社区警务改革以来,根据区委、区政府的要求,社区民警兼任社区党支部副书记,同时,将治保主任、调解主任专职化,成为社区警务工作的"左膀右臂",刘海青觉得自己在社区民警的岗位上更放开了手脚。

虹仙小区是售后公房小区,停车位十分紧张,小区可容纳209辆车停泊,但实际却有390辆车,近200辆车无法停,于是,抢车位、乱停车带来的矛盾纠纷源源不断,停车纠纷警情约占小区所有警情的三分之二,由此引发的治安、刑事案件也日益增多。

有一天,居民张某酒后泄愤,趁着夜深人静竟然将小区内19辆小汽车划伤,刘海青与治保主任一起走访排摸,很快锁定嫌疑人张某。张某认事不认错,他不服气,嚷嚷说小区里有限的车位被不少外来车辆占据了,自己每天下班回家总要开车在小区里面绕好几圈,没法停。

刘海青利用兼任社区党总支副书记的身份,主动牵头开展专题研究,着力解决小区停车难问题。实地勘察后,他提出几条建议:重新合理规划现有停车布局、合理规划绿化区域扩大停车位、拆除私自安装的停车地桩锁等,以切实缓解小区停车压力。

拆第一只地锁的时候,地锁的主人、一位退休老大爷拦着工作人员死活不让拆,情绪十分激动,说,这地锁拆了,叫我女儿下班回家车停哪儿? 你们把我这把老骨头拆掉算了! 刘海青耐心劝说老大爷,告诉他拆地锁就是为了让大家今后更好地停车。老大爷情绪慢慢平静了,说,别人的话我不信,你刘警官把快递公司赶走,我现在接外孙女放学一路安全多了,你的话,我信! 老大爷不仅让拆了自家的地锁,还陪着刘海青一起挨家挨户做其他人的思想工作,如此这般,一个上午拆除了 40 多只地锁。

刘海青发现小区内停泊车辆较杂,分为业主车辆、租赁户车辆和外来车辆三类。为切实维护业主的权益,在小区门口加装了车牌识别智能系统,对租赁户和外来车辆一律拒绝停放。多管齐下后,小区停车日渐规范,停车位增加到 400 多个,小区公共秩序得到了良好的维护,因停车问题而引发的各类警情也直线下降。

为了实现实有人口动态化管理,刘海青充分整合资源,以实有人口为主线,实行了"一张卡、两个日志、三支队伍"的工作方法,在小区 121 个楼门洞全部安装 IC 门禁系统,记好巡察走访日志,建立了一支由房屋协管员、居委会干部、物业保安、楼组长和平安志愿者等组成的群防群治队伍。

刘海青天天浸在社区,摸透了情况,哪个位置装有监控摄像头,摄像头呈什么角度、监控范围如何,他都了如指掌。为了确保社区安全,他想方设法地优化各类防范措施,向物防技防要效率。他还逐一调整 54 个探头的角度,并联合业委会和物业在小区围墙加装铁丝网、照明设施,三楼以下住户推广使用简易门窗限位器、楼道窗栅⋯⋯通过一系列有效的物防技防联动,2015 年,虹仙小区入室盗窃发案数明显下降,发生的四起入室盗窃案全部破获,八起盗车案也破获了六起。

发案率下降,破案率上升,这两条不同走向的直线直观地诠释了社区民警刘海青的辛勤和敬业。

打防并举,关注民生,确保一方平安,是社区民警的使命。居民们钦佩小刘,说他的心里装着社区,装着百姓。

刘海青扎根社区,集中精力抓主业,他立足实际,以侦破入民宅盗窃、盗"三车"等与人民群众安全利益密切相关的侵财害案件为重点,积极补漏促防,主动开展侦查,勇于破案,得到了居民的充分认可,真正实现了"发案少、秩序好、基础牢"的社区管理目标。

一天,社区退休教师老丁来到居委会,说刚才有两个陌生人到他家,借走了 8000 元人民币。原来,老丁在小花园散步时遇到两人搭讪,说是老乡并聊起老家的一些景点,聊得热络时两人提出去你家坐坐吧,老丁深信不疑,热情地将两位乡音浓重的"老乡"带回家,好茶好烟招待一番。"老乡"夸赞老丁家富足气派,话锋一转说他们遇到了困难,想借点钱渡过难关,老丁二话不说取出 8000 元。等"老乡"走了,他才回过神来觉得不对劲。

刘海青之前是治安民警,有过六年的办案经历。他整整看了一天的监控,迅速摸清两个嫌疑人的一路行踪,发现这两个人从闵行区一路过来,一连跑了七个小区物色目标,最后在虹仙小区瞄上了老丁。中途,两个人曾到 ATM 存过钱,由此锁定了嫌疑人使用的银行卡,继而顺藤摸瓜,第三天即将嫌疑人抓获归案。

通过这件事,刘海青和治保主任一起对小区内老人进行了专题安全防范宣传教育,举一反三,要求老人们提高警惕,加强自我防范意识。

盗"三车"案件,一直是让老百姓头痛不已的,有人因为害怕被盗,甚至不敢买新车。居民小李前不久刚买了一辆红色的电瓶车,这天下楼来傻眼了,电瓶车不翼而飞,没想到停在大楼内也会被盗,小李心疼不已。一抬眼,看见大楼通道醒目位置的公示栏里张贴着社区民警刘海青的名字和电话,她随手就打了一个。没想到,刘海青立刻就赶来了。

刘海青带小李去看监控,识别自己的车。锁定车辆后,刘海青继续在图侦室里查找,只见一个穿白色夹克衫的男人将小李的车从虹仙小区开出后,七转八拐的,来到淮海路某个路口后消失,便不知所踪。

　　心里有事,刘海青在办公室里坐不住,盛夏的中午,警车被晒得滚烫,他开车去查看电瓶车"消失"的地方。在淮海路的那个街角,他注意到一幢综合娱乐大楼,职业的敏感令他兴奋起来。大楼监控显示,白衣男人确实来过楼顶的网吧。网吧老板是个机灵的小伙子,他一眼辨认出,说这个人连续两天都泡在这里,估计还会再来。果然,在刘海青开车返回派出所的途中,网吧老板电话就打了过来……

　　小李喜出望外。她说,看见车被盗了,我真是火大,给社区民警打电话也没抱啥希望,家里人叫我报警,我也没去报。谁知道,丢了的车第二天就找回来了。这个社区民警简直太牛了!

刘海青则说，蛮巧的，没想到嫌疑人真在这幢大楼里。

刘警官你太谦虚了，这哪里是巧呀，是你把我们老百姓的事情放心上！小李冲刘海青摆摆手，骑上失而复得的红色电瓶车高高兴兴地回家了。

2016 年 4 月，上海市委常委、市委政法委书记姜平，副市长、市公安局党委书记、局长白少康等领导一行，来到虹仙居委会实地视察。他们在小区门口下车，步入小区，一路与居民打招呼、听意见、了解社区情况，他们观看了"长宁公安分局社区警务改革"专题片，对社区警务改革试点工作和大数据管理平台建设十分肯定。当走进社区警务室，听取社区民警刘海青对社区情况如数家珍、认真细致的工作汇报后，姜平书记欣慰地说，如果我们所有的社区书记和社区民警都像虹仙小区这样，领导和群众就放心了……

面对表扬，刘海青感到很突然，他觉得自己没啥特别的，只是做了一名社区民警应该做的分内事。

有人问，啥是社区民警的分内事？

把社区当家，把居民当亲人。刘海青想了想，腼腆地说，社区民警的工作就是要使社区保持和谐稳定，服务好辖区居民群众，让大家有安全感，晚上能睡个好觉……

他的名字被大伙儿所熟知，是因他被称为"社区能人"。他所管辖的静南村，在短短两年多时间里，奇迹般地从崇明岛有名的"后进小区"，蜕变成各大媒体争先报道的"明星社区"，且看社区民警陆岳是如何创造"奇迹"的——

老陆的平安梦
——记崇明公安分局港西派出所社区民警陆岳

文/许　鹏

请走"大吊车"后的安宁

偏找难啃的骨头啃,是对陆岳主动请缨,接手静南村时心境的最好写照。从 2014 年初走进静南村,作为航空兵出身的陆岳,就十分清楚,他将要面对的是怎样的一个"烫手山芋"。

静南村小区,曾是全市最早 15 个宅基地置换试点村之一,原址拆迁置换后的明南佳苑(也称静南或明南小区),2009 年建成,入住人员中,既有洗脚离田的农民,又有买商品房入住的居民,是典型"混搭"小区,治安状况复杂,"顽疾"很多。

转变落后小区的面貌是一场硬仗。于是,陆岳以社区为家的日子从此开启了。

风雨无阻走访掌握情况,主动发现问题迎头出击。陆岳争分夺秒、马不停蹄,在很短的时间里,他摸清了小区的基本情况,还和几位住户交上了朋友,并积极协调政府及村委、物业、业委会,恢复"瘫痪"许久的治安防控机制。这时,一件棘手的事儿摆在了他的面前。

原来,小区里有一件怪事!很多重型卡车、大型吊车不断涌进小区,而且数量还在不断增加。这些工程车,凌晨四五点钟出,深夜返回,轰隆隆,天天如此。熟睡中的居民,在这地动山摇中惊醒,苦不堪言。这一问题,不知道经过多少部门、多少人员牵头、交涉,却一直都解决不了。

"不解决这个问题,一想起来就睡不着觉,满脑子都是大吊车的声音……"

面对群众的诉求,陆岳暗下决心,一定要尽快解决,不然,诸如僵尸车长期霸占停车位、机动车乱停占道等后续的一系列问题就都难以解决,小区治安情况好转根本无从谈起。

说干就干!陆岳首先通过车牌号掌握车主信息,再根据居民反映的情况进行每日巡查,做好相关登记。很快,他发现,制造噪声的,不仅有在小区租住的大型工程车司机,还有的工程车从业人员的业主,为了节省费用,他们下班后就把这些"大家伙"开回小区,天不亮又开出去,初略统计竟有近30辆!

这的确让人瞠目结舌,一个住宅小区里,重型工程车就有近30辆。这些"大块头"不但压碎了路面,还严重损坏了小区基础设施,另外,启动时的噪声,刺鼻柴油味,冷天里发动使用的明火等等一连串问题,都给这位穿着制服的村党支部副书记提出了挑战。

经过一番思考,陆岳有了初步想法,他先与村两委进行交流商讨,再深入车主的家里、工地,逐个做工作,在此基础上,联合业委会、物业公司,通过村民会议、片区长会议和楼组长会议,广泛听取小区居民、车主等多方意见,最终形成了解决方案——在小区门口设置限高栏、在小区西北侧开辟工程车停放场。

为确保方案落地,陆岳与村干部等一户户到大型工程车主家中做解释、作动员,动之以情、晓之以理,引导他们主动将车辆停放在停车场地。

一个多月,功夫不负有心人,从当面吵骂到倚着门框听解释,从堵死小区入口到承认错误,从被拒之门外到表示理解,从面无表情到喜笑颜开,陆岳超强的耐心和特有的沟通方式,不仅让30多位车主放弃了将工程车开进小区的想法,还赢得了30多位见面能拍肩膀的朋友。

四个月的"请走大吊车之战"终于取得胜利,与之配合的巡查巩固、制度落实,让工程车扰民成为了历史,整个小区恢复了安定,也让陆岳成为了大家心目中能干事的"老陆"。

用亲情感化"武疯子"

从铁血战士空军航空兵到全副武装的公安特警,从指挥中心110指挥员到被人津津乐道的社区"达人",每一次角色的成功转变,都练就了陆岳坚忍不拔、粗中有细、细中更细的特有品质,而这位社区能人的成功秘笈,如果要用一个词来概括,那就是——真情!

在陆岳所管辖的明南小区,有一个特殊人群,有的因智力障碍、身体残疾等原因,无法正常劳动或融入社会,有的因拆迁得到了一笔房产和财产,却挥霍一空,精神空虚、无所事事,甚至走上了违法犯罪道路。

对于这个特殊人群,陆岳给予了最大的关注。

姚阿，先天智力障碍。他和老母亲两人住在小区 90 号里。

2014 年的一天，陆岳在社区走访中看见 90 号楼楼下围着一群人又叫又喊情绪十分激动。于是赶紧上前问情况。

"你是警察，来的正好！这个姚阿，天天看电视，都开得很大声，邻居不敢说，谁说他就跳起来骂人、打人！"一位邻居气愤地说道。

"对，这事你得管管……"一位中年男子帮衬着，周围邻居也议论着。

而另一边的姚阿，不甘示弱，虽然一旁有母亲拉着，但仍跳着脚，用含糊不清的话骂对方，手舞足蹈，随时都有伤人的可能。

先稳定了现场，陆岳进一步了解情况。原来，姚阿看电视，声音开得特别大，邻居知其家中情况，平时不做计较。但是最近，几个邻居家的孩子马上就要升学考了，于是就想让姚阿把电视声音调小些，可姚阿情绪不稳定，大吵大闹，谁也管不住。而且姚阿这样的"发作"，是家常便饭，他的老母亲总是泪流满面，邻居们苦不堪言。

知道情况后，看着姚阿一脸气愤却又无助可怜的样子，陆岳的心底一阵隐痛，他一个下午都待在姚阿家，他觉得这件事情他必须处理好。

说来也怪，陆岳拉着姚阿的手，拍着他的肩膀给他说话，给他喂水、吃橘子，慢慢地，姚阿也不再拉着脸，后来竟嘻嘻地笑了，陆岳耐心听姚阿含糊不清的说话，不时通过他母亲的"翻译"回应着，陆岳给姚阿讲道理，姚阿恢复了很久没有的平静，后来两人约定要经常找对方聊天,成为好朋友。

于是,在小区里,经常会看到陆岳和姚阿在一起说话、走路的身影。为了让大家一起配合,陆岳还召集小区居民开了个会,号召大家转变对姚阿的态度。

"对于智障人士,批评教育肯定作用不大,你必须真正对他好,尊重他,关心他,慢慢感化他。姚阿最怕别人伤害他,所以要向对待自家孩子一样,拿出足够的耐心,有什么事情,要好好对他说,如果你态度不好凶他,他就会把你当坏人,就会大吵大闹,甚至大打出手。"

陆岳如是说,也是这样做的。陆岳知道,姚阿智力有些问题,但内心却也明白。一有空闲,陆岳便找姚阿,通过聊天、拉家常的方式了解他的想法,询问他的日常情况,并适时引导他。说来也怪,以前动不动就发脾气,大喊大叫的姚阿,自从和陆岳交了朋友后,脾气好了很多,而且只要一看见陆岳来,就像换了一个人,以前不高兴、生气或者无聊的时候破坏小区公共设施的毛病也渐渐改掉了,不但脾气温顺,还总像个孩子一样嘻嘻地对着陆岳笑。姚阿的状态一天天转好。

在陆岳的努力下,不但平息了一场风波,也拯救了一个家庭。姚阿的老母亲,逢人便高兴地说:"陆岳可是好人,是姚阿的恩人,是我们家的恩人!"

"陆岳警务室"里的调解高手

以陆岳名字命名的社区警务室,是首批达标的"优秀警务室",陆岳是这个警务室的"掌门人"。

静南村是拆迁安置小区,其中许多家庭因财产分割产生了矛盾。这些矛盾,不仅影响了家庭和谐,而且对社区稳定也造成了不小的影响。

一天,在社区巡逻的陆岳突然接到派出所打来的电话,请他去调解一起纠纷。

"我弟弟又来骚扰我,影响我生活,我已经多次报警了,要是再这样,我就和他撕破脸了!"陆岳赶到的时候吴大姐正对派出所处警民警说道。

陆岳听了吴大姐的"冤屈"后,登门了解其弟的情况。

原来,按照农村习俗,乡下自建的老房子,老人去世后通常归儿子所有,一般女儿也不闹意见。但是遇上了拆迁,房子价值就不一样了。姐姐得知,按法律规定,子女都可以继承财产,于是就想从父亲那里也继承一份房产。而弟弟知道后,坚决不同意,两家人为此没少大动干戈,后来走了司法途径,法院判决 180 平方米的房产均分三份,父亲、姐弟三人一人 60 平方米,弟弟只能违心接受。

拆迁后,吴姐一直与父亲住在一起,对父亲照顾有加,而吴弟却没有尽赡养义务,后吴父写了一份遗嘱,将 60 平方米房产给了吴姐继承。父亲去世后，吴弟要收回父亲那 60 平方米的房产，姐姐就拿出遗嘱说应归自己，姐弟俩为此再次争吵，并上了法庭，判决结果是按照遗嘱执行。事后，弟弟心理不平衡，但又没有其他办法，于是便时不时上门骚扰姐姐，不让其安宁。

陆岳了解到，吴弟其实已经承认了姐姐拥有 120 平方米的房产，但父亲那 60 平方米的房子，市值要一百多万，他心里不爽，于是便产生不让姐姐安生的想法。

经过一番深思熟虑，陆岳打算首先从吴弟那里寻找突破口。吴弟一开始情绪激动，陆岳却来了个一言不发，任凭吴弟把肚子里的苦水一股脑倒个干净，等吴弟无话可说时，这才开始了他的"攻势"：大吵大闹对子女的影响，自己身体生气生病，隔三岔五找自家姐姐麻烦影响不好、要尊重法律和事实等等，一件件摆在吴弟面前，一件件切中要害，吴弟提出的一个个不乐意，都被陆岳依法充分驳斥……经过一番长谈，吴某在思想上得到了疏通，情绪得到了发泄和抚慰，当场就表示结束无聊的骚扰，回归正常生活。不久吴某便和全家登上了姐姐家门，姐弟两家又和睦如初，亲密无间！

"一家亲"的平安守护

走进明南社区，走进村委会，有一道靓丽的"风景线"。那便是由陆岳牵头成立的"明南一家亲工作站"以及"明南家园卫士"志愿者队伍。

陆岳身兼两职,既是小区的社区民警,又是小区村委会的支部副书记。随着小区治安秩序的逐步好转,如何最大限度地发动居民,形成人人参与的氛围,陆岳开动脑筋了。

成立志愿者队伍、形成服务居民一站式平台的构想,经陆岳向村两委班子提出,得到了极大的支持。

经过前期个别发动,组建志愿者队伍一启动,陆岳便得到了30多人的响应,而且都是以党员为主。陆岳给他们培训,亲自带队巡逻,参加志愿者活动,于是,一支志愿者队伍就这样成立了!

效果远比想象的好!这群老党员、老干部、老教师占大多数的队伍,每人一件红马甲、一个红袖章,巡逻排查、助老爱幼、环境清理等,小区里每天都能见到他们的身影,大家不讲报酬讲奉献,不计得失计成效。一时间,毁坏绿化种小菜的少了,爱护环境的多了,邻里争吵的少了,和睦相处的多了……志愿者队伍成了小区居民无人不知的组织。

于是,在前期志愿者队伍的感召下,越来越多的人加入了志愿者队伍,年近八旬、满头银发的退休老党员来了,为人公道正派、善于调解的"三好伯"来了,就连"90后"的小李也来了,原静南村的村民来了,商品房里的"新崇明人"也来了,越来越多的人踊跃加入到了队伍当中。

然而,随着志愿者队伍的日益壮大,如何强化志愿者队伍管理,成为摆在陆岳面前的又一难题。

经过多次调研、多方协调，陆岳创造性地提出了精细化志愿者积分管理模式，将志愿者队伍分为夜间巡逻队、日间巡逻队、环境整治服务队、重点路口服务队等四个板块，以"明南卫士"作为志愿者队伍命名，以"我为大家守一天，大家为我守一年"作为口号，在此推动下，志愿者队伍服务功能不断完善，逐渐形成，志愿者队伍日渐强大。截至目前，志愿者成员已经达到了300多人，人员覆盖到了所有的楼、层。群众齐参与力量的强大，是大家所没有预料到的，小区治安情况得到了极大的好转。

为了更好发挥服务群众的功能，在志愿者队伍的基础上，陆岳又牵头负责成立了"明南一家亲"工作站，拓展形成工作站"亲子共成长""爱心伴夕阳""邻里手望相助""明南家园卫士""乐活健身"五个公益项目，以及"微信线上平台""项目孵化平台"两个平台，即被称之为"5+2"人文关怀模式。

开启社区"微模式"

明南小区的社会治安状况发生着翻天覆地的变化，但陆岳这位"社区能人"并未就此止步，而是开始琢磨另外一件事。这个事，用陆岳的话说："那可是很时髦，是具有'互联网+'思维的！"

有一天，陆岳带着志愿者队伍在小区巡逻，碰见一群人聚在一起,便走近去看。原来是81号楼的小何听见大家在谈论电信诈骗,便现身说法,给大家讲自己是如何利用"朋友圈",将一起诈骗拒之门外的经历,大家听得津津有味。

没想到这位"90后"的小何这么热心,而且对电信诈骗防范有自己的一套理论。陆岳决定要向小何请教一番,小何一番口若悬河,陆岳对利用手机"微信"开展社区工作产生了极大兴趣。

陆岳发现"微信"这个平台确实很便捷,有很多功能不但有趣,而且能充分利用到社区管理中。经过一段时间的自个儿琢磨和向年轻同志请教,陆岳熟练地掌握了微信的很多功能,成了"微信达人",不但将各个楼组、巡逻队进行微信群分类,还建立了好几个微信公众号,落实专人负责。借着"手机扫一扫,加入微信群,志愿者

服务到身边"的口号,在陆岳的领衔下开展的如火如荼。不仅如此,陆岳还将微信的社区管理功能进行了拓展,将便民服务、防范动态、生活提示、在线答疑等等都搬上了微信。

用陆岳自己的话说,"社区工作是群众工作,群众工作就是要顺应时代要求,利用大家喜闻乐见、容易接受的平台和方式。"

如今,"静南小区防范一家亲""志愿者驿站""警社共建群""警务工作监督群"等微信公众号、微信群的活跃度都很高,一些群到500人最大值后,只能再建个"副群",利用这些新平台,群众不用出门,只要动动手指,通过微信就能知道社区动态、服务信息、发出求助,确实方便了群众!

眼下,陆岳还在琢磨,下一步要在微信平台上开设志愿服务、党员微课堂、民情微讨论、民生微信息等板块,为社区居民提供全方位的服务。陆岳社区警务"互联网+"思维的"微模式",也被在更多的同行当中"点赞"和推广。

社区民警费锋有着自己独特的"万有引力"，对他的"引力"，我们又该如何解读！

费警官的"万有引力"
——记闵行公安分局杜行派出所社区民警费锋

文 / 张顺宏

千万别误会，这位费警官可不是一个民间物理学爱好者，主修计算机专业的他对牛顿经典力学似乎也并无多大兴趣。那么，他将自己社区管理工作的理念总结为"万有引力"四个字，我们该如何解读呢？

"万"是万家灯火的嘱托

村里的老年活动室这几日人头攒动、热闹非凡。社区民警费锋专门请来了新闵律师事务所的唐律师为村民们作拆违补偿、家庭婚姻、财产继承等方面知识的普及讲解。谁也没有料到，这个消息不胫而走，一连几天，这间小小的活动室被挤得水泄不通，大家都想听听，对这些和自己切身利益有关的问题专家会如何支招。

人群中有个叫谈建福的村民眉头紧锁，嘴上还不断盘算着几串数字。细心的费锋一眼看出了端倪，便邀请他上台来道出心中疑虑。原来谈老伯在群益村13组有近50间违章搭建的出租房，如果拆了，每个月就要损失两万多元，而拆违的补偿款只有十万，这笔账他怎么也算不过来。

费锋敏锐地发现，如果能当着大伙儿的面"啃"下这块硬骨头，那效果比在村口拉一百条宣传拆违的横幅还要好。于是，他配合唐老师用最朴实的大白话进行分析，设身处地地和他一起扳着手指算这笔经济账。台上你一问、我一答，台下村民扎堆讨论，还不时插嘴提问,现场的气氛达到了高潮。最终,谈老伯想通了:既然违章搭建是迟早要拆的,赔偿标准都是一样的,如果拖到最后被强拆的话,很可能一分钱补偿都拿不到。会场中有着相同顾虑的村民也都纷纷表示:"我们也拆,晚拆不如早拆!"

这间小小的活动室已经成为费锋联系村民、帮扶群众、开展宣传、组织培训的大舞台。你瞧,刚结束村里治安巡逻队的岗前训示,这里又迎来了一批年轻的家长们。每到暑假,费锋最担心的就是发生孩童溺水事件。村中深塘野浜随处有,光是通往黄浦江的大河道就有姚家浜、跃进河、向阳河和沈庄塘河四条。以前,外来务工人员的子女在这些河里野泳导致溺毙的悲剧时有发生,让人痛心疾首。自从费警官来到这里后,他每年暑期都会开展多次安全教育活动,并且教授现场急救的基本知识——为了应对突发情况,费锋自己从一个旱鸭子,硬是考出了救生员证书,现在看来,他这点现学现用的技能还都派上了大用场。

很多时候,当送走了最后一位村民,活动室里只剩下费锋一个人时,他喜欢安静地看着窗外:万家灯火中,有高高兴兴拿到拆违补偿的谈老伯一家;有安全度过快乐暑期的孩子们;有经他帮教摆脱毒瘾重新回归正常生活的小谭和他的家人;有被他感化不再抗拒社区矫正的刑满释放人员"阿华";有经他调解不再为一套房子的继承权而手足反目的刘家兄弟……他心中升腾起阵阵暖意,他也该回家了。

"有"是有困难找"费警官"的承诺

村民杜芳亚的丈夫钱华志患有严重的精神疾病,长期休养在家无法外出工作,全家唯一的经济来源就是杜芳亚四处打工所挣的那点微薄收入。屋漏偏逢连夜雨,作为家庭中经济和精神双重支柱的杜芳亚又被检查出罹患鼻癌,让这个不幸的家庭更是雪上加霜。费锋了解情况后,多年来一直对这个家庭给予特别的温暖和关注。2015年5月的一个夜晚,钱华志旧病复发,杜芳亚第一反应就是拨打社区民警费锋的电话。接到求助电话的费锋立刻与社保队员合力将钱华志送到鲁汇精神卫生中心,并帮她将所有手续一一办妥。事后,费锋又放弃休息时间,到村委、浦江镇精防办和闵行区卫生局开具相关证明,为钱华志减免治理费用的事多次奔波。经过一段时间治疗,钱华志的病情好转,杜芳亚还高兴地给费警官送来红蛋,原来她自己的病情得到了控制,还当上了外婆,一家人过上了其乐融融的生活。

同样遇到困难第一时间想到"费警官"的,还有村里的保洁员张美英。这个老实本分的女人在丈夫过世后就一个人含辛茹苦把儿子拉扯大,眼看儿子小明30岁了,本该扛起家庭重任,可却沉迷于网游,不肯出去找工作,这让每月靠最低工资生活的张美英再一次陷入了绝望。费锋了解情况后,不仅多次找小明谈心,还根据他所学专业和兴趣帮他找到了一份在国企当锻工的工作,虽然有点辛苦,但是有师父带教,能学手艺、长本事。经过学习,小明不仅考出了各种技能证书,还当上了小组长,拿到了5000多元的工资。

居住在"城中村"的人们似乎很难被整个社会的集体目光关注,这里的人早已习惯了在遭遇不幸时咬牙和忍耐,有什么苦痛自己扛,他们不懂得怎样去寻求更多的救济渠道,而社区民警是他们唯一看得见、摸得着的希望之光——有困难找"费警官"——不仅仅是一句承诺,更是照亮辖区里老百姓内心的一片阳光。

"引力"是群众的需求推动我前行的动力

"如果把目光仅仅放在解决家长里短、调解邻里纠纷、帮扶困难群众上,我想,所有的社区民警都能做到,而且会做得比我更好。所领导让我接手群益村的初衷,或许是希望我能发挥主观能动性,从根本问题入手,改变群益村的治安现状,来一个'标本兼治'。"费锋很清楚自己的定位和使命,"所以,如何协调各方力量落实加强群益村治安管理,督促全村技防物防措施全面整改,是摆在我面前的一道难题。"

群益村位于杜行派出所辖区的中心位置,是典型的"城中村"。随着周边新兴产业园区蓬勃发展,这里相对低廉的房租和便利的交通吸引来了大量外来打工者(据统计,该村外来人口已经达15000余人,是户籍人口的四倍,人口比例严重倒挂)。随处可见的违章搭建挤占了公共道路、河道,带来了严重的消防隐患。几年前这里的一场大火让费锋至今记忆犹新,由于消防车开不进村中的羊肠小道,所有人只能眼睁睁地看着一连几排房屋被熊熊大火慢慢吞噬。

和消防隐患同为城中村之痛的是长期居高不下的发案率。这里人员复杂、流动性大,偷盗、卖淫、赌博、吸毒贩毒、打架斗殴等治安问题突出,群众怨气大,要求整治的呼声也很高。

为了寻求解决方案,费锋经常放弃休息时间,深入社区走访调查,将掌握的一手调查资料和大量老百姓的真实诉求进行整理分析,形成一份翔实的调研报告,计划以群益村技防改造和消防"三合一"整治两方面为切入点,借鉴闵行分局"田园模式",形成符合农村地区实际情况的社区化改造的新模式,并向所领导做了汇报。

万事俱备,只欠东风。说白了,这"东风"就是说服村里"掏钱"。这可是许多社区民警想干却没干成的事情,费锋哪来的信心?

一方面,接手群益村以来,"有求必应、有难必帮"的形象让费锋在群众中树立了很高的威信,有了一定话语权。另一方面,自己"真打实干"的做事风格也同样赢得了村委和镇里的认可与信任。费锋知道,时机已经成熟。果然,经过几次商讨研究,村委和浦江镇领导终于同意,先在龙港小区试点安装诸如"电子围栏"、红外线监控、地面停车棚监控等技防设施,并聘请专职保安巡逻,同时加强安保人员的技能培训,尤其加强对出入小区的货运车辆的开箱检查。通过技防改造,原先龙港小区一年要发生十多起偷盗案件,现在已经连续三年"零发案"。这让村里和居民都尝到了甜头。

费锋又"乘胜追击",在群益村每个主要道路口,新增监控探头80余个,并通过光纤直接接入派出所图侦室,由图侦民警和辅警队员进行监控操作。费锋还组织成立了由18人组成的专职治安巡逻队,配备电台和装有警灯的巡逻电瓶车,将辖区巡逻门岗、车辆管理、消防值班、防范宣传等工作一应包揽。此外,费锋还将村委干部、巡逻队员和治安积极分子统统拉进一个微信群,方便管理和实时通报警情。2015年4月的一个晚上,巡逻队员发现一男子正在实施盗窃,于是通过电台呼叫增援,同时在微信群内发布嫌疑人照片并上前围捕。村干部和群众也闻讯赶来围追堵截,最终成功抓获该男子,扭送至派出所。这已经是群益村社区化改造后,在人防、物防、技防"三防"体系下被擒的第20个"不长眼"的蟊贼了。

有人的地方就有需求。社区民警费锋的辖区内有超过两万名居民,就会产生成千上万种需求。这些无助的眼神、迫切的语气、真诚的谢意,最终都汇聚成为一股强大的引力,将他牢牢吸引在黄浦江畔这块方圆三公里的土地上。他变成了一颗围绕着群益村、康桥村和英业达"万人宿舍"昼夜不停团团转的"守护星",一转就是八年。

不久前的一个冬夜,正在所里值班的费锋接到一起报警:在上海务工多年的小郭因老家妻子突然提出离婚,一时想不通,便站到了30多米高的楼顶……费锋赶到现场时,120、消防队都已经闻风而至,围了一大群看热闹的人。费锋顶着楼顶凛冽的寒风想偷偷靠近,小郭大叫:"警察不要过来,过来我就跳下去!"

费锋只能无奈地撤了回来。这时,人群里一个男青年主动请缨说:"费警官,让我来试试吧,我和他都是甘肃白银的,都是老乡……"

"你是?"费锋看着他有点面熟,但想不起他的名字。

"以前你帮助过我的,我一直记在心里,就让我试试吧。"

于是,男青年站在楼顶的寒风中,在接近零度的低温中,苦口婆心规劝了两个多小时,终于成功把小郭给劝了回来……下楼时,衣着单薄的男青年被冻得瑟瑟发抖,费锋眼眶一阵湿润,赶紧脱下自己的警用大衣给他披上。那大衣,正带着他温暖的体温……

　　费锋常说,他的管理工作给社区注入了和谐的"活力",而万家灯火的期盼反过来又成为促动他一路前行的"动力"——这就是费警官的"万有引力"。

杨鹤云病故后,上至公安部部长,下至草根百姓、社区老人,先后关切地上门慰问其家属,都为一个好人英年早逝而扼腕叹息。熟悉杨鹤云的人都对其做事认真、待人真诚的人品赞不绝口。是的,金杯银杯不如老百姓的口碑。

海派警察
——记全国公安系统二级英雄模范杨鹤云

文/鲁　兵

　　有位上海作家对上海警察应有的形象,用了几个字来概括:帅、勇、理、智、品,即帅气,勇敢,理性,智慧,品位。笔者深以为然。

　　一方水土养一方人,生活在上海这个中西合璧大都市里,便会孕育出上海人的习性特征。上海警察也是生活在上海这个大都市里的一个群体,其特征也深深地打上了上海人的烙印。杨鹤云身上有种海派警察的特质,是上海警察的典型代表。

　　杨鹤云身上所体现的是海派警察的特点,做事顶真,讲究细节,爱动脑筋,待人和气,修养很好,爱岗敬业,廉洁自律,孝顺顾家,情趣高雅。他的事迹和特点说明,这种感人的精神力量,可能就在我们周围人的身上,它不需要刻意美化和拔高,也不用刻意贴上标签,就足以打动人心,催人向善。

　　杨鹤云是1984年跨入警营大门的,先后在卢湾分局淮海中路派出所、淮海中路警察署、新天地治安派出所担任社区警和治安警。26年来,他始终扎根公安基层一线,坚持做到"勿以善小而不为,勿以恶小而为之"的为人之道,每天的工作琐琐碎碎、平平凡凡,然而平凡是金,他在平凡的岗位上书写了辉煌。

石库门里走街串巷的户籍警

1

　　杨鹤云原是刃具厂的钳工,1984年通过考试进了公安局,他1

米 70 多的个子,长方脸、厚嘴唇、大檐帽下的那双单眼皮眼里闪着和善的目光。

"上面千条线,下面一根针。"社区警就是穿针引线的人,他们心系千家万户,承包着地区的"责任田",确保一方平安。杨鹤云在社区里走街串巷,默默无闻地当了 12 年户籍警。

外地人说到上海人的精细,常常举例计划经济年代使用半两粮票。杨鹤云当户籍警时,以其特有的做事顶真而令身边的同事感佩,其做事顶真与之性格有关,更是工作责任心使然。他穿上橄榄绿制服后,就开始做个有心人。那时没有电脑,为了搞清楚南三辖区的居民情况,杨鹤云每次下段都携带着一本蓝色的户口本,每家每户都有专门的记录,包括人员变动、人员流动、有无外调、有无前科、有无纠纷等等,他都认真记录下来。户口本记得密密麻麻,同事们问他干嘛要记得这么详细,他笑着说:"心里有数,觉得踏实。"南三地区被他管理得井井有条,各项打击指标一直领先,他所管辖的区域,12 年里没有发生过重大的刑事案件和暴力案件,赢得了居民和居委干部的普遍夸奖。

那时住房很紧张,几户人家合用一个卫生间、一个厨房、一个天井,为了争抢地盘,居民间时常吵架,可谓是小吵天天有,大吵三六九。杨鹤云调解纠纷,不是靠板面孔、喉咙粗摆平双方,而是慢条斯理地循循善诱,居民都服气他。有次走访中,杨鹤云了解到胡姓姐妹为了争夺父母的房子打得不可开交,连姐妹关系也断绝了。

面对房产纠纷的法律问题,杨鹤云自己也被搞糊涂了,最后姐妹俩
通过打官司才解决了纠纷。法律知识的不足从此成了他的心病和
软肋。

2

当时公安处于转型期,过去民警靠经验和讲道理来解决纠纷,
显然已经跟不上时代的步伐。为了掌握法律知识,从 1987 年至
1990 年,他利用业余时间,寒窗苦读,一门一门地参加自学考试,终
于拿到了华东政法学院本科毕业证书。这个三年自学考试完全是
业余自学,况且杨鹤云还是基层户籍警,平时忙得不亦乐乎。杨鹤
云是 1986 年结婚的,那时也没有房子,只能借住闵行郊区农民的私
房,每天上下班骑自行车来回需两个多小时,晚上常常加班,每周只
有一天的休息日,女儿是 1988 年冬天出生的,为了读书,只能牺牲
睡觉时间了,他每天读书坚持到深夜 12 时。为了照顾嗷嗷待哺的
女儿,他一边读书,一边用脚推摇篮,常常是手里捧着书本,脚跷在
摇篮上睡着了。等女儿哭闹了,他被惊醒后赶紧塞上奶瓶。

基层派出所很忙,加班加点成了家常便饭。杨鹤云的女儿很小,
每时每刻需要人照顾,由于他的妻子在银行工作,平时也很忙,他们
便把女儿托付给亲友照顾。今天托到这家,明天送到那家,有时加
班到半夜,杨鹤云才赶去把熟睡的女儿接回家。

杨鹤云就是在繁忙的工作和照顾女儿的双重压力下拿到本科文凭的，虽不是头悬梁、锥刺股，但也是三更挑灯五更鸡，可谓是苦尽甘来。他从此养成了读书的习惯，不断地更新法律知识，成为小有名气的"法律专家"。同事们工作中遇到什么疑难的法律问题都来请教他，他都能给予满意的解答。有时，有人笑着劝他："工作这么忙，有点空休息一下，有了本科文凭够了，还这么卖力读书干吗？想当法官、律师，还是想当领导啊？"杨鹤云总是报以一笑。

　　杨鹤云有知识、善思考、人勤快，故其各项业务工作在所里都是名列前茅。每次有新同志来，所长总喜欢让杨鹤云带徒弟。他不仅传授工作方法，还传授法律知识，更以自己的品格感染人，言传身教，点点滴滴，潜移默化。他先后带的徒弟彭沪军、周丽娟、何骏艳很快都成了独当一面的户籍警。

3

　　杨鹤云为人厚道，古道热肠。每年年底，户籍警都要统计一年来辖区人员变动情况，杨鹤云认真细腻，总是很快就统计好了，有的同事却怎么也统计不准，这时，杨鹤云会主动帮助同事，一遍又一遍地反复核对，帮助找出漏洞。平时，大家值班有急事需要换班，都喜欢找他解难，杨鹤云自己女儿需要每天接送，但他总是来者不拒。因他乐于助人，所以他在所里人缘特好。

　　杨鹤云对同事热心肠,对社区里的居民同样是古道热肠。辖区里有一位姓陈的刑满释放人员,为了使他能够尽快适应回归社会生活,杨鹤云多次上门找他倾心交谈,还想方设法为他解决一些生活上的困难。有天,小陈的女儿突发肺炎,但他没有稳定的收入,一下子难以凑齐看病的费用。情急之下,小陈吞吞吐吐地向杨鹤云求助,杨鹤云没有犹豫,立即拉着他一起将其女儿送到了医院,并支付了住院费用。此后,杨鹤云每月都会从仅有的 100 多元工资里拿出一部分接济小陈,在小陈最需要关心的时候,杨鹤云帮助他度过了最艰难的日子。小陈在杨鹤云的帮助下,做起了建筑石材生意,生活出现了转机,后来成了大款,杨鹤云反而避而远之。有人问他这是为什么? 他说:"别人困难的时候,应该雪中送炭;现在富裕了,锦上添花的事还是免了。"

霓虹灯下涤浊扬清的治安警

1

　　1996 年,卢湾分局辖区的 8 个派出所实行合并,杨鹤云被划编到淮海中路警署,担任治安民警。

　　从走街串巷的户籍警变为治安防范打击的治安警,虽然还是在派出所,但工作的性质完全不同。治安民警主要是整治和打击派出所辖区的丑恶现象和违法犯罪。斯斯文文的杨鹤云,以其自己的特点很快就适应了冲冲杀杀的活儿。

杨鹤云执法时理性规范,文明平和。其性格属于小桥流水的那种儒雅温和,但在关键时刻,亦不失大江东去热血男儿的勇猛,照样豁得出、冲得上。有次,派出所接到线报称顺昌路某号有人聚集吸毒,民警火速赶往吸毒窝点,发现这是一个老式居民楼,吸毒窝点在二楼,门厅与里面房间之间有一狭窄的过道,只能容得下一人通过。冲在前面的两位民警迅速制服了其中两人,另外两名吸毒人员见事不好,一人迅速抱起床上一只黑色皮包从窗口跳下,后面冲进来的杨鹤云见状,毫不犹豫地也从二楼窗口跳下,紧追不舍。嫌疑人边跑边用皮包不断往后抽打,杨鹤云顺势拉住皮包,向前一冲,将其扑倒在地,经过一番扭打,终于将嫌疑人制服。在皮包中,搜出四包海洛因。

杨鹤云不但有勇,更有智谋。他做事爱动脑筋,又认真细腻。近些年来,一些已经绝迹的黄赌毒等社会丑恶现象又死灰复燃。1997年下半年,淮海路附近的几条老居民楼的小巷里,突然间雨后春笋般地冒出了一大批小发廊,仅半年时间就开出了205家之多。一些发廊打着理发的招牌,干的却是皮肉生意。为此,派出所对这些小发廊开始集中清理整治。杨鹤云承担了任务最为艰巨的几个"重灾区"的打击整治活儿。其中,肇周路200弄有一家规模最大的发廊,派出所经常接到举报,但每次去检查都没有发现异常情况,杨鹤云颇感蹊跷,敏感地意识到表面平静如水,底下必有潜流。

杨鹤云利用下班时间，夜间换上便服来到发廊周边仔细观察、蹲守，希冀从中找到突破口。经过一个多星期走访附近的居民和周边业主，实地察看地形和房屋结构，终于摸清了发廊的底细。原来，这家发廊是有着犯罪前科的两兄弟所开。从外面看，只有一个面积不到十平米的店面，但是店面后面却曲径通幽，别有洞天。在居民楼内，兄弟俩还租有一间 20 余平米的房间，房间上面另有一个五平米左右的阁楼。就是在这两个地方，他们招来许多按摩女从事不法经营。

摸清底细后，8 月的一个深夜，杨鹤云和 14 名民警兵分两路来到发廊进行清理，七名民警从前门进入。见事不好，其弟弟迅速向店后跑去，赶紧去通风报信，当他刚跑到后门口时，迎面而来的 8 名民警将他逮了个正着。此次行动，共查获按摩床 14 张，抓获按摩女 30 人。

2

2003 年 6 月，杨鹤云从淮海中路警署调任新天地治安派出所民警。新天地是上海的一块新地标，是融时尚和怀旧于一体的旅游胜地，有着独特的魅力，吸引着众多跨国公司地区总部和国际著名品牌在这里集结落户。

杨鹤云管辖新天地南里地区，有餐饮、酒吧、商场、影院等各类场所72家,其中56家是涉外商户,占百分之七十八。涉外无小事,要管理和服务好这些对象,绝非易事。七年来,说起杨鹤云,无论是派出所的领导和普通民警,还是商户业主,都对他的热情服务和为人亲切啧啧称赞,有口皆碑,尤其是新天地影院的经理,更是对杨鹤云赞不绝口。

新天地影院经常会举办一些首映式和明星见面会,明星多了保卫任务自然就重。每次举办大型活动,杨鹤云总是提前来到影院了解活动规模、参加的人数、具体的时间,甚至连明星的人气、进出的路线等细节也都摸得一清二楚。七年来,每一次活动的安保工作在杨鹤云的安排下,全都安全有序,从来没发生过拥挤、踩踏等安全事故。2008年举办"好男儿"见面会,原本明星与粉丝的见面会时间定在上午,杨鹤云和其他民警早早地上岗维持秩序,可是粉丝一直苦苦等到中午,还是不见偶像出来,现场簇拥的粉丝情绪越来越焦急,呼叫声与口哨声交织。杨鹤云始终在现场安抚粉丝们的情绪,几个小时下来嗓音也哑了。影院经理见民警们都饿着肚子执勤,他让杨鹤云统计一下民警人数,准备订午餐,但老杨笑着说:"不用客气,单位里有午餐,完成任务再回去吃就行了,再说粉丝们这么热情高涨,哪容得我们换岗吃饭啊。"杨鹤云与同事饿着肚子一直坚守到下午三点多见面会结束才疲惫离去。

影院里观众之间时常会发生一些纠纷,每次打电话到派出所,只要杨鹤云在,他都及时赶来调解。杨鹤云声音不高,但他每次调解,只需三言两语就能使剑拔弩张的双方平息怒火。经理始终搞不明白老杨有什么魔法,但杨鹤云的徒弟谈奇解答了谜底,老杨虽然话不多,却是个语言艺术家,一句话可使人跳,一句话可使人笑。有次徒弟解决纠纷,抓着对方的失误不放,结果引起人家翻毛腔,杨鹤云过来几句话就解了围。他事后对徒弟说:"人家是来调解纠纷的,不是违法犯罪,要抓住对方的心理设法息事宁人,而不是抓对方的差错不放。"

　　更让影院经理称道的是老杨的人品。为了感谢平时杨鹤云对影院的支持,经理多次提出送老杨几张电影票,让他带女儿来看看电影,但杨鹤云每次都以各种理由婉拒。那次,女儿拜托他要两张"好男儿"乔任梁的新唱片签售会的票子,杨鹤云一口回绝,气得女儿撅着小嘴几天没理他。杨鹤云从来没收过一张电影票。经理有时开玩笑问他:"是不是不把我当朋友?"他便笑着说:"朋友之间不需要客套。"如此更让经理敬重他。

　　杨鹤云对辖区里的业主真诚服务,多次帮他们解决纠纷或难题,他们都会邀请杨鹤云吃饭,他都微笑拒绝。有次,他们全家逛淮海路,傍晚时分,来到新天地一家餐厅用餐,他特意挑了偏僻的座位,还是被店主撞见了,店主怎么也不肯收饭钱,但是杨鹤云第二天还是上门执意还上了餐费。

3

杨鹤云在工作中,虽为人亲切,热情服务,但他还有着一股较真的劲儿,有时被管理的对象对他的一丝不苟有点不理解,说他死板,不会通融。但正是这份认真与执著,往往会带来意想不到的收获。新天地南里停车库,每天临时停放的汽车达上百辆,车库管理人员因嫌麻烦,往往不对车辆进行登记。杨鹤云发现这个问题后,就三天两头到车库进行检查督促,一直到车库管理人员见到老杨不好意思后,他们登记过往车辆的习惯也就养成了。

有一阵子,车库连续发生了多起车内物品被盗案件,杨鹤云获悉后,立马来到车库,对车辆登记记录进行全面核查,终于在几千条记录中排出了一辆悬挂广东牌照的丰田佳美汽车每次来停车,十几分钟后就离去,有重大嫌疑。杨鹤云嘱咐管理人员注意这辆牌照的小车。几天后,当嫌疑车辆再次出现时,被当场截获。由此,派出所追踪深挖,一鼓作气地侦破了 10 多起盗窃车内物品案件,涉案总值超过百万元。这起侦破的案件被评为当年的精品案件。这时,车管人员对杨鹤云感慨地说:"以前我们对你的一本正经不太理解,现在深感你的认真太重要了。"

杨鹤云不但工作一丝不苟,且善于思考。2007 年 5 月春暖花开的一天,老杨在派出所值班,突然企业天地商务楼内 SONY 公司工作的周小姐前来报案,她焦急地说,前一天下班时放在办公室抽

屉里的钱包不见了,办公室还有其他同事也丢了 PSP 等物。杨鹤云
随着周小姐来到公司,发现该公司进出办公室必须凭员工门禁卡。
事发当晚,电脑上显示公司有两次使用门禁卡的记录,但是公司的
所有员工都说当晚没有人进过公司。倘若按照常理推断,可能是一
起普通的内部盗窃案,那么就必须对公司所有人员进行排查。如此
一来,不但会影响公司正常工作,还可能搞得人心惶惶。

为慎重起见,杨鹤云先从外围入手,他回到派出所把案发当晚
的路面监控录像资料全部调了出来,在电脑前一坐就是几小时,连
续观看录像中的画面,不放过任何蛛丝马迹。果然,从录像中发现
了当晚有一辆印有那家门禁卡生产企业标志的汽车,曾停放在企业
天地大楼门前,与发案时间十分接近。发现这一重要线索后,他马
上将此情况通报给分局刑侦支队,侦查员很快将门禁卡生产企业员
工石某抓获,及时追回了员工们的损失。

2010 年夏天,该公司又发生了与当年一模一样的案件,承办民
警勘查现场时想起了当年杨鹤云发现的新大陆,顺着这条思路摸下
去,果然如出一辙,很快擒获了犯罪嫌疑人。

4

新天地发案毕竟不多,倒是矛盾纠纷多多。杨鹤云不仅破案上
有思路,调解纠纷更是驾轻就熟,争吵的双方都是愤懑而来,最后却

满意而归,且没有一起投诉,倒是有不少人事后想送红包,以表感激之情,都被杨鹤云婉拒了。

几年前,有一名百草传奇餐厅姓王的员工上班的第二天,在换制服时,不慎从餐馆二楼掉进了通风井,造成脊椎粉碎性骨折。接到电话后,杨鹤云第一个赶到现场参与救援,他马上将伤者送到瑞金医院救治。之后,杨鹤云出面协调,先要求台湾籍总经理垫付医疗费用。数日后,伤者的家属从安徽赶到医院,见小王伤势如此严重,情绪十分激动,提出了赔偿要求,但餐馆经理认为是小王自己不慎所致,坚决不同意。彼此发生了争执。杨鹤云发现小王的家属都是山区里的农民,看到他们啃白馍、喝凉水权当饭吃的情景,一种悲天悯人的情感油然而生。是的,如果餐厅经理撒手不管,谁来解决小王的医疗费用? 为了让小王得到妥善治疗,杨鹤云在一个多月时间里,从医院到餐馆来回奔波,多次调解。杨鹤云动之以情地对总经理说:"人家许多有钱人还主动捐款赞助没钱治疗的病人,何况小王是在你的餐馆打工受的伤。"

杨鹤云为了伤者的治疗费心劳力,感动了伤者的家属,也感动了餐厅总经理,最后他答应支付了两次大手术和后期护养的全部费用。小王临走时,拉着老杨的手动情地说:"大哥,要不是遇到你这样的好人,我一个外地打工仔,遇到这种事,真不知该怎么办。太感谢你了,我一直会记着你的。"小王的家属为了表示感激之情,塞给杨鹤云一个厚厚的红包,老杨赶紧堵回去,好言相劝:"你们挣钱不容易,以后需要花钱的地方多着呢,我怎么能收你们的钱?"

小王的母亲突然跪了下来,杨鹤云赶紧搀扶起她,反复嘱咐说:"以后有什么事可以直接找我。"一家人不断地打躬作揖擦泪离去。

杨鹤云在淮海中路警署工作的七年里,没发生过一起重大的恶性案件,业主守法经营,没被上级部门查处通报过,他在新天地派出所工作的七年里,所管辖的地区也没有发生过一次火灾安全事故、没有发生过一起黄赌毒案件,更没有发生过一起"两抢"恶性案件。新天地是一个娱乐场所、各色人物繁杂云集之地,如果没有一丝不苟认真负责的精神,没有规范细腻的工作方法,没有真心诚意地寓管理于服务中的理念,就不可能取得如此的业绩,也不可能赢得业主的一片赞扬。

世博园区选择坚守的铁血战士

1

2009 年 9 月,当杨鹤云获悉分局将抽调一批民警到世博警务站工作后,他找到所长主动请缨。所长考虑到杨鹤云的身体状况,颇为犹豫,但他却坚定地说:"世博可能是我这辈子当警察最大的一次任务了,百年一遇,我真的很想去搏一下。"

正是世博园区建设进入了高峰期,杨鹤云随着 180 名第一批民警来到园区,他在西藏南路临时出入口担任执勤工作。当时的世博园区就是一个大工地,晴天尘土飞扬,雨天满地泥泞。园区工地的工作环境非常艰苦。临时出入口岗亭其实就是一个不足三平米的"铁皮盒子",里面除一套占地半个多平米的监控设备、四个储物箱和一把椅子外,别无他物。岗亭里没有水源,四周也没有道路,去一趟最近的洗手间,也要 15 分钟以上。园区里没有食堂,民警们每天的工作餐都是自己从家里带来的。秋天的时候尚可对付,到了冬天,寒风刺骨,每到吃饭时,即便放在保温瓶里的饭菜也早已变得冰冷,难以下咽。

吃饭的难题尚未解决,方便的问题接踵而至。杨鹤云突然患了腹泻病,他只好来回奔波于岗亭与卫生间之间,中途的 15 分钟成了危途,实在坚持不住了,他才提出来与同事换班。然而,没两天他就把"欠账"还清了。但是腹泻还没有好,为了解决上卫生间的难题,杨鹤云自己悄悄地带上便桶,藏在储物箱里,才解决了内急时的方便问题。出入口实行四班三运转警务模式,杨鹤云与另外三位民警每班一人连轴转,每天连续工作八小时,没有休息时间。

工作中,杨鹤云严守园区出入口,绝不放过一个无证者。有段时间,园区内建设工人出入证一片混乱,部分工人随意借出入证,给园区安全带来很大隐患。针对这一情况,杨鹤云主动加强管理,一旦查获人证不符的当即予以扣押,每天能查获十余张随意出借的证件。经过一段时间的严格管理,出入证随意出借混乱的局面得到了有效的扭转。这期间,有人求情、有人耍赖,甚至有人威胁,杨鹤云都不为所动,依然秉公执法,认真核查,一直保持了出入口的良好治安和通行秩序。

认真规范的杨鹤云也有柔情的一面。每天一些工人一大早就来到工地门前,手里拿着早餐站在寒风里,脸冻得通红,虽然没到入园时间,但杨鹤云却会通融地让他们早点进去。

2

园区门口,各种大型车辆川流不息,建设工人络绎不绝。铁皮岗亭里满是尘土,岗亭外更是尘土飞扬。老杨总是站在出入口认真查验证件,或维持秩序,或去周边检查安全隐患,却看不到他坐在岗亭里歇息。

2009年10月的一天,大雨如注。那天杨鹤云当班,由于车多路窄,道路泥泞,进出的车辆拥堵扭在了一起。喇叭鸣、吵闹声夹杂着雷声和雨声,出入口一时乱成了一锅粥。正在安检的杨鹤云看到突发的混乱场面,顾不及披上雨衣飞奔出去。他跑到园区内车队的尾部,堵住后面的车辆,指挥司机停车,马上随手找了石块、栅栏,放在路中间,充当临时隔离墩,自己则穿梭在蛇阵间,来来回回,指挥车辆倒退、前进。虽然手势不标准、口令也不规范,但所有的司机都积极配合服从。经过半个小时的疏导,道路终于畅通了。这时的杨鹤云衣服早已全部湿透,脸上、身上还溅满了泥浆,同事劝他回家换衣服,他毫不在乎地说:"没有那么娇气,下班回家后洗个热水澡就没事了。"

如果说看大门、指挥交通不是老杨的擅长,那么调解矛盾、处理纠纷可是他的拿手绝活。那年春节前夕的一个夜晚,园区内数十名建设工人因琐事打起了群架。接到报警后,杨鹤云一边通知园区指挥中心增援,一边带着两名保安赶往事发现场。看到现场数十人扭打在一起,上百人站在一边围观,杨鹤云毫不犹豫地冲进了打斗的人群,他一边高喊:"我是警察,停止打斗!"一边奋力将为首的两人拉开。拉扯中,杨鹤云脸上被重重地挨了一拳,他"哎哟"了一声,跟跄了几步,险些跌倒。打架的双方见打了警察知道闯了大祸,立马停了下来,等待警察的发落。杨鹤云捡起地上的警帽,忍痛对两个为首的人说:"打架解决不了问题,有话好好说。现在的主要任务是抓紧干活,哪还有时间吵架!"见警察挨打没有发火,大家都傻眼了,他们没想到这个警察竟然那么宽容,没有惩罚他们,而是好言相劝,心里颇为内疚,为首的两人保证道:"今后保证不会再打架了。"见到老杨脸上的红印,同事们都关心地劝他:"老杨,你年纪不小了,以后再遇到这种事,可要小心点啊。"他却坦然地说:"当警察这么多年了,什么样的事没碰到过。只要这里不出事体,我就放心了。"

杨鹤云就是这样的人,处处替别人着想,唯独没想到自己。他宁肯自己吃点亏、受点苦,隐忍着委屈,却不向人示愁颜,但他对待同事,却像大哥一样的热心。每次接班,他都提前十分钟,让别人早点回去。有时，下一班的同事晚来了，向他表示歉意，他都笑着说："谁家里没有点急事。"他遇到上一班没有处理完的任务或纠纷，都会主动接下来，让同事抓紧回去休息。其实，杨鹤云家里也有许多家务事。自从到园区以来，他家里搬过家、父亲患癌症，还有女儿大学毕业要找工作，杨鹤云都是利用休息时间抓紧处理，没有因为家务事而请假。

2010年初春，所里有几个评正科级的名额，杨鹤云虽然不在所里，但他还是挺关心的，后来听说期盼已久的正科级自己没评上，想想自己已48岁了，从警也26年了，心里多少有点失落，但他没有责怪领导，反而劝妻子说："名额有限，这么多人望穿秋水，领导一定有难处，以后还有机会的。"他总是那样体谅别人。妻子想起了十多年前派出所改选团支部书记，有几个团员没有选老书记杨鹤云，他不是埋怨对方，而是反省自己对这些年轻的同事关心不够，以后要多善待他们。

3

关心他人比关心自己为重。这句话也许早已不流行了，但是杨鹤云却始终坚守这样的做人原则。今年3月，分局第二批增援警力来到园区，新来的民警对如此恶劣的工作环境一时无法适应，老杨作为园区的"前辈"，便积极想办法帮助新来的同事解决饮水、就餐、如厕等日常的生活问题,还将岗亭里唯一的一把椅子让给新来的同事坐着休息,自己却常常站在岗亭外,或靠在墙上歇一会。

新来的同事发现他脸色不好,提醒他去医院查一下,他笑着说:"可能我到现在还没有完全适应过来啊,过一阵子应该会好的。"其实,杨鹤云已经来园区半年了,怎么会还没有适应呢!现在回想起来,其实,这时他已经是一个癌症病人了。他不断地拉稀、胃痛,这些都是信号,可他却以顽强的毅力支撑着自己、坚守着园区。妻子见他晚上回来愁眉不展,一问得知他最近胃痛和拉稀,便劝他说:"你给领导打个电话,让换一个人去世博园区。"杨鹤云摇摇头说:"换一个人也要有人去,那里的环境太艰苦。我不去,人家就要去,人家还以为我当逃兵了。"

4月始,杨鹤云每次下班回家都疲惫不堪,脸色铁青,妻子和女儿多次提醒他去医院检查一下,他都推脱说:"世博会马上就要举办了,单位里事体多,人手又少,等忙完了这阵子再说吧,"

杨鹤云不愿意当逃兵。场馆搜爆是老杨执行的最后一项任务。4月起,他作为搜爆队室内分队长,带领十几名士兵,一个场馆接一个场馆,一个房间接一个房间进行搜爆工作,从早上七点一直干到晚上八九点钟,在这几天里,他先后查获有毒有害污染源和易燃易爆物品120余件。虽然没有几天时间,但对于一个重病在身的人来说是需要多大的毅力啊。4月17日早上一上班,同事们见他脸色很差,大家劝他说:"你脸色不好,还是抽空去医院检查一下吧。"

他指着胃说:"我胃不太好,等完成了今天的搜爆任务,下班后去医院。"这天中午,老杨带队完成了国家电网馆一至二楼的搜爆工作。午餐的时候,同事们见他表情痛苦,没有胃口,吃不下饭,便特意给他买了一碗大排面,劝他:"老杨,再难过,毕竟干了一上午体力活,怎么也要吃一点。"可是,杨鹤云捧着碗,强忍着胃痛,其实是肝痛,怎么也吃不下去,直到面条胀了、糊了,也没能咽下去几口。在如此难受的情况下,他还是没有请假去医院,而是硬撑到下午照常上岗,最终完成了"将军楼"的搜爆任务。

当晚,杨鹤云发高烧,第二天便住进了医院,从此一病不起。

生活中情趣高雅的海派男人

1

人生境界体现于三个层面,日常生活层面、工作层面、审美和诗意的层面。许多警察因工作的繁忙,顾及了工作层面,而往往忽视了日常生活的层面,两者兼而顾之者,为数不少,但三者都能顾及者可谓完美,但为数不多。杨鹤云在这三个层面上兼而有之,可以说是个完美的警察。

杨鹤云工作上默默苦干、任劳任怨,是业务上的骨干,他不但顾大家,也不放弃小家,是个忠孝两全的好男人。那时,在单位加班到凌晨四五点钟,他还是坚持回家睡觉。因为,第二天早晨,他还要送女儿上学。女儿上幼儿园时,他由于工作繁忙,每次总是最后一个去接女儿,为了不影响老师下班,他把女儿托给了居委会阿姨,让她先接回家,等下班了再去接;女儿上小学时,他每天骑自行车横跨三个区,无论是酷暑严寒,还是刮风下雨从不间断。有时,晚上因妻子忙不在家,女儿无人照看,他便将女儿带到单位,让女儿在一旁写作业看书,有次忙完后,见女儿趴在桌子上睡着了,摸着女儿的小脑袋,他禁不住眼里起雾。

杨鹤云平时不善言谈,但是爱却在琐碎的细节里闪光。在家里还是个"买汰烧"全包的男人,他上早班时,下班回来自行车前面挂一兜菜回家,赶紧做饭,等女儿和妻子回来后,热气腾腾的饭菜已经放在了桌上;倘若上中班,他会上午做好饭菜摆在桌上,等妻子回来热一下就可以吃了,而且碗也是他洗的。每年春夏之交,衣服被子也都是他洗晒好装入大橱,家里的琐事他做得井井有条,他是个"上得厅堂、下得厨房"的海派男人,是个家务全包的模范丈夫。

杨鹤云不但对妻子和女儿好,还非常孝顺父母。他原来住在瑞金路,离单位很近,但为了照顾父母,特意买房子到植物园离父母近的地方,而且还特意在隔壁为父母买了一室一厅的房子,2009年秋天装修好后,他计划接父母来住,这样可以更好地照顾两老了,因去世博园区工作,改变计划,打算世博会结束后,接两老来安度晚年。

2

杨鹤云不但是个工作出色和顾家孝顺的男人，还是个生活上情趣高雅、颇有品位的男人。

他从小爱好书法，一手欧体楷书写得严谨精敛，又不失灵动，颇见功力。他平时闲暇时喜欢抄写唐诗宋词和毛主席诗词，其一手漂亮的硬笔书法，在平时的笔录中更是得到了充分的施展。有一次，所里搞活动，要求每位民警出一个节目。轮到杨鹤云时，他说："我唱歌跳舞不行，但比较喜欢画画和写字。画画时间太短，来不及表演。平时写字时抄的毛主席诗词倒是记得几首。这里，我就献丑了，为大家朗诵一首《沁园春·雪》，希望大家喜欢。""北国风光，千里冰封，万里雪飘，望长城内外……"经他声情并茂、抑扬顿挫地朗诵，效果极佳，办公室顿时响起热烈的掌声。大家没有想到：平时默默无闻的杨鹤云竟然有如此慷慨激昂的时候。

杨鹤云画得一手好素描也令同事惊讶，有工作闲暇的时候，杨鹤云还会帮办公室的同事们画头像素描。平时办案勘查现场，他的这一优势得到了充分的发挥，现场图一目了然，绝不亚于专业人员。

杨鹤云热爱生活，业余时间酷爱垂钓。周末的清晨，约上几位好友骑车来到郊外金黄色的油菜花田，坐在蜂飞蝶舞的草塘边，支起鱼竿，遥望着蓝天静心地等待着鱼儿、等待着惊喜，也等待着劳作后的放松。

他还喜欢品茶、弄花、养鱼、集邮和收藏钱币。他家客厅里的装饰橱里各种造型的紫砂壶琳琅满目,显出了主人的雅兴意趣。阳台上种了许多花草,养了一大缸漂亮的鱼,平时侍弄照顾得很好,如今因主人的离去而花落叶萎、鱼死水枯。

3

杨鹤云是个很讲礼仪的人,同事们给他发个短信,他收到后必有回音。派出所的内勤张轶见杨鹤云 4 月 24 日生日,便给他发了个短信,祝他生日快乐!但是却有去无回,张轶感到纳闷,老杨怎么没有回音?

其实,杨鹤云这时病情已经恶化了。他是 4 月 17 日累倒在岗位上的,第二天到中山医院做了检查,20 日检查结果出来了,医生一见报告,表情惊讶地问:"病得那么严重,不感到疼吗?怎么熬到现在才来?简直是个超人!已经肝癌晚期,没有救了。"妻子徐敏华听罢如五雷轰顶,她抱着期望的眼神哭求医生:"医生救他一下吧,他才 48 岁,这么年轻。"医生感叹道:"病来得太猛了,几乎没什么救治的希望。"在妻子的反复恳求下,杨鹤云终于住进了医院,七八人一间病房。妻子忍着悲痛对杨鹤云说:"结果不是太好,等着进一步检查。"杨鹤云反过来劝妻子说:"现在医学这么发达,总有办法治疗的,不要难过。"妻子听罢躲到卫生间失声痛哭,哭自己疏忽大意了,没有坚持要求他去医院检查,没有请假陪他到医院去看病。

妻子整天表情抑郁,杨鹤云有了疑惑,他上医院网一查,立刻明白自己得了肝癌。妻子知道他什么都清楚了,便安慰他说:"我已托阿嫂转院到仁济医院了,那里可以换肝。"杨鹤云对生命充满了热爱,他抱着极大的期望等待着奇迹的出现。

住院的日子度日如年,妻子多次提出,给所长报告一下病情,但是杨鹤云坚决不同意,他劝妻子说:"现在是世博会最忙的时候,领导知道了要分心的,同事们好不容易休息一天,还要来看我,对大家士气也有影响,还是算了吧。"十天的日子在煎熬中过去了。4月30日,妻子踌躇再三,心里的压力再也挺不住了,她悄悄地给所长打了个电话,告诉了杨鹤云的病情,她一再嘱咐所长,千万不要说是我告诉你的。

这天晚上是世博会开幕式,医院里没有电视机,杨鹤云说:"我为世博会忙了大半年,不看世博会实在于心不甘,还是接我回家看吧。"

第二天,所长来了,杨鹤云见了领导,马上从床上坐起来歉意地说:"所长你这么忙,还来看我,实在不好意思。对不起,所长,我没想到突然生病了,没有完成好你交给我的世博安保任务。"到了这个时候,他还是替别人着想。所长望着他憔悴的面容,心里在流血。

他痛心内疚地说:"你拖着重病的身体坚持到最后的一刻,倒在了岗位上,你已尽了最大的努力,你的精神令人感佩。这段时期忙得昼夜连轴转,实在是对你关心不够,请你多多原谅。"

妻子先后去了龙华医院和曙光医院,想通过中医来挽救老杨,但是专家医生都摇头说:"病情来得太猛了,无法医治了,只有减轻病人的痛苦。"妻子不甘心,打电话求哥哥,他赶来后,对妹妹说:"马上给所长打电话求助,请单位出面,也许能住进仁济医院。"杨鹤云一听找所长,马上阻止道:"现在所长那么忙,千万别麻烦领导,我工作到现在,从来没有麻烦过单位。"

通过朋友介绍,妻子来到了解放军四五医院相求,主任医生一看报告,马上回绝说:"没有救了,如果有救,我怎么能见死不救呢?这几天还是给他吃得好一点,能拖一天就算一天吧。"妻子不甘心,又去找了朋友介绍的副主任医生,总算住进了四五医院,并且住进了单人病房。

卢湾区委常委、分局局长陈明军,政委吴培明等领导先后来到医院看望杨鹤云,他身体虚弱得皮包骨头,因操劳过度,皱纹过早地刻上了他的额头,头发已然花白,似乎每一根皱纹和白发都是他辛劳和疲惫的记录。他见不断有领导前来探望,一再叮嘱妻子:"如果领导问起有什么困难和要求,你千万不要提,不要为难组织。女儿让她自己去闯吧,她喜欢服装设计,只要认真坚持下去一定会有出息的。"妻子含泪咬唇坚定地点点头。

几天后,杨鹤云转院到了仁济医院,他在期盼着奇迹的出现。

6月9日,上海市委宣传部副部长、市文明办主任马春雷,市总工会副主席陈国华,卢湾区委书记徐逸波,市局政治部主任俞烈等领导特意来到杨鹤云的病榻前,给他颁发了"世博安保先锋"的证书,病入膏肓的杨鹤云很是激动,颇感欣慰。

杨鹤云见了这么多领导前来探望自己,有点受宠若惊,一再向领导表示这么忙还来看我,非常感激。领导走后,他有点纳闷地对妻子说:"我这么一个基层的小民警生病,平时工作很平常,也没有做过什么大事,却惊动了那么多领导,实在是不好意思。"但他心里特感动,也很高兴,心想领导重视了,医院里一定会全力以赴救治的,也许有希望了。

经过领导的协调和嘱托,医院决定马上换肝,但是几位专家认真检查后,感到风险太大,只得放弃。但是卢湾分局的政委吴培明没有放弃,他拿着病人的片子,赶到了东方肝胆医院,找到了吴孟超院士所在的专家小组,几位肝病顶级专家反复研究后,还是摇头无力回天。

当天下午,上海电视台的记者来采访,他还充满信心地说:"等我身体好了,一定要去世博园看看。忙了这么久,那时还是个大工地,尘土飞扬,戴口罩也没用,车子的轮胎也被戳破了四五次,到现在还没去过世博园,心里挺遗憾的。"记者安慰他说:"你一定能去的。"杨鹤云笑了,笑得是那么酸楚。

6月22日,受公安部副部长刘京的委托,公安部世博安保办公室副主任张亚宏在市局党委委员、政治部主任俞烈的陪同下,看望了病重的杨鹤云,他已经无力说话了,但他的眼神却投来了感激的目光。

　　弥留之际,杨鹤云躺在病床上喃喃地对妻子说:"一直答应带你们举家出游,却整天忙于工作,也没带你和女儿去过北京,躺在病床上静下来想想真是对不住你们母女俩,等我的病好了,等世博会结束了,我一定请个公休假,带你们去北京看看天安门、故宫、长城……"妻子听罢,泪如泉涌。

　　6月25日凌晨2时57分,杨鹤云带着深深的遗憾离开了他为之眷恋的世界,带着对亲人的不舍痛苦地远去了,带着对公安事业的至爱悄然走了,他的生命定格在48岁的年轮上。

　　回顾杨鹤云的一生,没有轰轰烈烈的事迹,更没有惊心动魄的壮举,他所做的琐事,是如此平凡,像我们熟悉的同事,又有我们过去的影子。在他身上,没有宏大叙事,没有悲壮史诗,但这并不减少他带给我们的感动。有人评介杨鹤云的事迹时,将其归入"身边的感动",非常贴切,正因为杨鹤云在我们身边,所以才可敬,也更令人感动。